우리 안의 친일

우리 안의 친일 — **반일을 넘어 탈식민의 성찰로**

초판 3쇄 발행 2023년 12월 22일
초판 1쇄 발행 2022년 10월 31일

지은이 조형근
펴낸이 정순구
책임편집 조수정
기획편집 정윤경 조원식
마케팅 황주영

출력 블루엔
용지 한서지업사
인쇄 한영문화사
제본 한영제책사

펴낸곳 (주) 역사비평사
등록 제300-2007-139호 (2007. 9. 20)
주소 10497 : 경기도 고양시 덕양구 화중로 100(비전타워21) 506호
전화 02-741-6123~5
팩스 02-741-6126
홈페이지 www.yukbi.com
이메일 yukbi88@naver.com

우리 안의 친일

— 반일을 넘어 탈식민의 성찰로

조형근 지음

차례 우리 안의 친일

바람보다 빨리 눕는 풀의 고민에 대하여

풀에 대해 생각한다. "비를 몰아오는 동풍에 나부껴" 눕는 풀, "날이 흐려서 더 울다가" 다시 눕는 풀에 대해 생각한다. 흔히 '친일'이라고 하면, 악랄하고 교묘한 친일파 악당들의 군상이 떠오른다. 그 반대편에는 불굴의 영웅, 독립투사들이 있다. 영웅도 악당도 못 되는 보통사람의 자리는 없다. 나나 당신 같은 사람들 말이다. 이 책은 그 보통사람의 생각과 처지를 중심에 놓고 친일이라는 주제를 생각해보려고 한다. 일제와 친일파가 모든 악의 근원이라는 익숙한 '반일'의 믿음을 넘어, 우리 속에 내재하고 습속화된 친일의 욕망과 구조를 응시하자는 제안이다. 더 깊고 보편적인 '탈식민'의 세계를 향해 눈을 돌리자는 권유다.

반일을 넘어서는 보편성을 염두에 두면서 잠시 지구 반대편의 세상으로 가보자. 2021년 노벨문학상을 수상한 압둘라자크 구르나(Abdulrazak Gurnah)의 최근작 『그 후의 삶(Afterlives)』(2020)은 독일과 영국의 식민지를 거친 탄자니아의 현대사가 개인들의 삶에 남긴 자취와 상처를 좇는 이야기다. 주인공 함자는 1차 세계대전 때 독일령 동아프리카의 군대 슈츠트루페(Schutztruppe)의 현지인 병사인 아스카리(Askari)의 일원으로 영국과의 전쟁에 참전했다가 큰 부상을 입는다. 독일군의 주력은 현지인 아스카리이고, 영국군의 주력은 아프리카 이곳저곳에서 동원된 식민지 주민과 인도인이다. 이후 함자와 결혼하게 되는 아피야의 오빠 하산 일리야스도 아스카리로 참전했으나 돌아오지 않는다. 전쟁이 끝난 후 독일로 가서 일하다가 독일 여성과 결혼하고 이름도 독일식으로 바꾼다. 독일의 옛 식민지들을 되찾자는 재식민화 운동에 앞장서기도 하다가, 나치 치하의 수용소에서 아들과 함께 죽는다. 소설은 묻는다. 영국과 독일이 싸운 전쟁에 아프리카인과 인도인이 피를 흘리며 싸웠고 수십만 명이 죽었다. 왜 그랬을까? 막상 영국과 독일은 잊어버린 전쟁에서.

20세기 초·중반을 거치며 아프리카 반식민주의의 구심으로 부상한 네그리튀드(Négritude) 운동은 서구와 백인들이 침략하기 전에 존재하던 '순수한 아프리카'의 회복을 꿈꿨다. 흑인됨을 부끄러워하지 않고 독창적이고 고유한 정체성으로서 긍정했다. 흑인과 아프리카의 역사·문화를 부정하고 멸시해온 서구 식민주의에 당당히 맞선 자기 긍정 선언이었다.

하지만 너무 명쾌한 선 긋기는 종종 또 다른 배제를 낳는 법이다. 아프리카가 과연 흑인만의 것일까? 아프리카는 오랜 세월 흑인과 인도인, 그리고 아랍인이 함께 부딪히고 어울려 살아온 혼혈과 혼종의 공간이기도 했다. 구르나의 소설 속 공간들이 그렇듯이. 그래서 그가 묻는 질문은 더 아프다. 그들은 왜 전쟁에 나섰을까? 독일과 영국의 책임을 물으면서도 그들만의 잘못이라고 쉽게 단언하지 않는다. 이전 지배자 술탄의 잘못이라며 기원을 거슬러 올라가지도 않는다. 끌려간 이도 있었지만, 함자처럼 제 발로 참전한 이들도 적지 않았다. 그는 왜 전쟁에 나섰을까? 아비가 자식을 팔아넘기는 세상에서 군대만이 유일한 탈출구로 보였다. 수많은 또래 소년과 청년 들이 제각각의 질곡을 벗어나려고 전쟁에 뛰어들었다. 가해와 피해가 중첩된 이들 삶의 복잡한 단면을 납작하게 만들어서는 안 된다. 제국들의 전쟁에 뛰어든 행위를 옹호할 수도 없다. 섣부른 찬반 이전에 숙고해야 한다. 역사와 인간에 대해, 우리 자신에 대해.

『그 후의 삶』을 읽으며 나는 일본제국주의 군대의 깃발을 따라 아시아 곳곳에 이르렀을 조선인들을 떠올렸다. 나의 가족 중에도 그런 어른이 있었다. 하긴 어떤 집안인들 없으랴. 그들 생각이 같았을 리 없고, 처지도 제각각이었다. 모두 희생자였다고 말하기 어렵다. 이 책에 등장하는 일본군 중장 홍사익 같은 고위층 확신범도 있었고, 싱가포르 지도자 리콴유가 기억하듯 거칠고 고압적인 조선인 군무원도 있었다. 강원도 평강 출신의 계약직 군무원 이영길 같은 이들이다. 인도네시아에서 포로 감시원으로 일하다가 전후 네덜란드 군사법정에서 포로 학대 혐의로 징역 10년형을 선고받았다. 고향으로 돌아갈 수 없다는 충격에 정신장애를 앓게 되고, 남은 삶을 일본의 격리병동에 갇혀 지냈다. 1991년 세상을 떠난 후 세상에 알려졌다.

조선인 포로 감시원은 어떤 존재였을까? 잘 감시하는지 늘 감시받았다. 가해자이자 피해자였다. 그런 시대가 아니라면 일어나지 않았을 일이라는 의미에서 그들의 죄는 시대의 죄였다. 물론 포로 감시 명령을 거부하고 탈출한 이들도, 독립군에 합류한 사람들도 있었다. 그게 쉬운 일은 아니다. 이영길의 삶을 친일과 반일의 잣대로 명쾌하게 가를 수 없는 이유다. 그의 죄를 묻기 위해서는 시대의 죄를 함께 물어야 한다. 시대의 죄를 묻되 개인의 책임에 대해서도 고민해야 한다. 이 책은 시대의 죄를 물으면서 개인의 삶도 놓치지 않으려 한다. 영웅도 악당도 못 되는, 그야말로 보통사람의 시각에서 공감할 수 있도록 쉽고 평이하게 쓰려고 애썼다. 바람 불면 더 빨리 눕는 풀 같은 우리의 이야기로 쓰고 싶었다.

지난 몇 년 동안 한국 사회는 이른바 식민지근대화론과 친일청산론 사이의 무한 대립 속에서 말 그대로 허우적거렸다. 이 책은 일제가 '식민지 조선'을 근대화시켜주었다는 식민지근대화론도 비판하지만, 현대 한국 사회의 근본 모순이 친일 청산 실패에 있고, 친일파 척결이야말로 최대의 선결 과제라는 또 한편의 인식도 함께 비판한다. 저 심층의 욕망에서 두 입장은 같은 지반을 공유하고 있다고 본다. 지금 이 책을 읽을지 말지 고민할 정도의 독자라면 아마 식민지근대화론에 대해서는 단호한 비판적 자세를 갖고 있을 것이다. 식민지근대화론을 제대로 비판하려면 소위 '토착왜구 척결론'도 함께 비판해야 한다는 것이 내 생각이다.

'토착왜구 척결' 같은 슬로건은 '빨갱이 사냥' 같은 폭력의 기억을 떠올리게 한다. 빨갱이 사냥처럼 진짜로 죽이는 건 아니라고 해서 괜찮은 게 아니다. '우리 편'의 혐오도 나쁘다. 그럼에도 불구하고 일단 '토착왜구'가 존재하고 심각한 문제라고 인정하기로 하자. 분명한 건 '토착왜구' 이전에도 토착의 폭력이 존재했고, 토착의 차별이 존재했다는 점이다. 그렇다면 독립은 그렇게 단순한 것일 수 없다. 독립으로 어떤 세상을 만들 것인가? 토착의 옛 폭력과 차별을 복원한 세상? 그건 아니지만 또 다른 종류의 폭력과 차별을 낳는 세상? 아니 모든 폭력과 차별의 폐지를 추구하는 세상? 앞의 두 입장에서 독립의 내용은 결국 '반일'로 수렴한다. 마지막 입장에서 독립은 단지 일본에 대한 반대를 넘어 식민주의가 수반한 온갖 폭력과 차별, 그것을 낳은 구조와 욕망에 대한 비판과 극복을 의미할 것이다. 예컨대 어떤 욕망이 성찰되어야 할까? 강한 나라를 꿈꾸는 팽창주의, 경제성장이 우선이라는 성장제일주의, 불평등한 세상을 바꾸기보다는 내가 불평등한 세상의 윗자리에 올라가 좋은 일을 하겠다는 실력양성론 같은 것들이 그렇다. 이런 욕망은 심지어 반일과 친일 청산을 입에 달고 사는 이들, 그러니까 우리의 몸과 마음속에도 깊이 스며들어 있을 수 있다. 경제적으로 어렵다는 이유로 이웃 나라 사람들을 멸시하거나 동정하는 마음속에, 이른바 민주 진영의 대선 후보가 내건 '코스피 5,000 달성' 같은 공약에 환호하는 성장의 열망 속에 그 흔적이 깃들어 있다. 남의 식민주의는 비판하면서 나의 팽창은 옹호할 수 없다. 일본의 차별은 나빴지만 우리의 차별은 좋은 것이라고 우길 수도 없다. 이 책은 거친 반일론을 비판하면서 제국과 식민지의 '공모'를 드러내고 그것을 수긍하려는 책이 아니다. 좁고 강렬한 '반일'의 욕망을 넘어, 더 보편적이고 절실한 '탈식민'의 숙제를 고려하자고 요청하는 책이다.

1장에서는 제국 일본의 팽창과 더불어 식민지 조선에서 성장한 반중 민족주의와 팽창의 욕망을 살펴본다. 침략에 편승한 이 민족주의적 팽창 욕망의 역사는 해방 후 제대로 성찰되지 않았다. 때로 칭송받기조차 했다. 이윽고 한국의 성장과 함께 더욱 강화되고 있는 것은 아닐지 자문한다.

2장은 식민지근대화론 비판이다. 성마른 수탈론이 식민지근대화론을 키우는 자양분이 됐다. 그렇다고 해서 식민지근대화론이 옳을 수는 없다. 대다수 농민의 삶을 희생한 대가로 이루어지는 성장이 무슨 소용일까? 하지만 성장을 위해 불평등이 불가피하다는 믿음은 우리 사회에 여전하다. 보수는 물론 진보 안에서도 끈질기다. 식민지근대화론은 멀리 있지 않다.

3장은 학생 시절 독립운동에 나섰다가 고초를 겪은 뒤 실력양성의 길로 들어선 의사들의 이야기다. 그들의 삶이 간단치 않다. 안온한 출세의 길을 걸었다고 쉽게 비판할 수 없다. 그들의 선의를 의심하기보다는 왜 선의로는 세상을 바꿀 수 없었는지 질문해야 한다. 불평등한 세상의 윗자리에 가서 그 힘으로 불평등한 세상을 바꾸겠다는 결심의 자가당착에 대해 고민해보아야 한다. 내가 속한 소위 '86세대' 엘리트들에게 묻는 질문이기도 하다.

4장에서는 과거사 청산의 모범 사례로 꼽히는 프랑스와 독일의 경험을 다룬다. 그 성공의 '신화적 한계'를 짚어본다. 두 나라 모두에서 과거사 청산은 결코 쉽지 않았고 때로 심하게 모순적이었다. 청산이 진행될수록 적은 불분명해졌고, 악에 공모한 보통사람들의 책임이 부각됐다. 한편에 소수의 나치와 부역자가 있고, 다른 한편에 죄 없고 순수한 민족, 보통사람이 있다는 선명한 이분법이 깨져나갔다. 모두 때 묻었으니 과거사 청산 따윈 무의미할까? 흑백논리가 틀렸다고 회색이 옳은 것은 아니다. 어렵더라도 복잡한 콘트라스트를 드러내야 한다.

5장에서는 창씨개명을 주제로 보통사람의 역사적 책임이라는 주제를 검토한다. 창씨개명의 과정은 생각보다 복잡하다. 그것은 친일이나 반일 민족주의로, 혹은 유교적 친족중심주의로 쉽게 귀착되지 않는다. 김수영의 시에서처럼 민중은 곧잘 바람보다도 먼저 눕는 풀처럼 권력에 순응한다. 하지만 누운 풀에게조차 윤리적 고민은 사라지지 않는다. 창씨개명의 정치사회학에 누운 풀의 윤리적 고민이 묻어난다. 우리도 늘 고민하면서 사는 것처럼.

에필로그라고 하기엔 조금 긴 글을 마지막에 달았다. 과거사 청산 작업의 경과를 되짚으며 공유재로서 역사에 대해 생각해보았다. 역사 해석을 둘러싼 다툼은 계속되겠지만, 다툼의 장이 되기 위해서조차 역사는 공동의 자산이 되어야 한다. 그 의미를 물어보았다.

학계 '데뷔'의 기준이 무엇인지는 모르겠지만, 학술서를 기준으로 한다면 내 학계 데뷔는 고 김진균 선생과 정근식 선생이 편저한 『근대주체와 식민지 규율권력』(1997)이라는 책을 통해서였다. 거기에 일제가 건설한 의료체계의 '근대적' 성격을 규율권력론의 관점에서 비판한 글을 실었다. 일제가 '근대(성)'를 가져왔지만 바로 그 근대성이 문제였다고 비판한 글이다. 그 책의 서문에서는 서로 대립하는 식민지근대화론과 수탈론이 근대성 그 자체에 대해서는 좋은 것으로 긍정한다는 점에서 공통적이라고 비판하고 있다. 근대성을 누가, 언제 성취했는지를 두고 다투고 있을 뿐이라는 비판이었다. 근대성 그 자체가 초래한 상처와 파괴에 대해서는 성찰하지 않은 채. 생각해보면 학계에 몸담은 동안 가장 많이 쓴 글도 식민지근대성을 둘러싼 쟁점들이었다. 이 책도 그 연장선상에 있다.

이 책의 초고는 2015년으로 거슬러 올라간다. 지금은 공중파 라디오에서 시사 프로그램을 맡고 있는 김종배 씨와 함께 진행했던 팟캐스트의 코너로 몇 차례 다룬 이야기들이 토대가 됐다. 세월이 흐르는 동안 나는 세사에 쫓겼고, 초고는 우여곡절을 겪었다. 책으로 묶으면서 첫 형태와 크게 달라졌다. 그래도 글에는 당시 김종배 씨가 던진 좋은 질문들의 흔적이 남아 있다. 고맙다. 의사들의 고민을 다룬 3장은 계간지 『역사비평』에 발표한 논문을 쉽게 풀어서 옮겼다. 토론해준 동료들이 고맙다. 책 내용 중 상당수는 동료와 선후배 연구자들의 노고에 빚졌다. 일일이 출처를 밝히지 못했다. 감사할 따름이다.

역사비평사를 통해 책이 나오게 되어 기쁘다. 2010년대 전반에 『역사비평』의 편집위원으로 인연을 맺었다. 몇몇 특집에 조금 관여하고, 계간지와 단행본의 서문을 쓴 기억도 난다. 이제 내 책으로 서문을 쓰게 되니 감개무량하다. 편집위원 시절 전반기에 함께한 조수정 님이 이 책을 맡아주었다. 전문성 높은 편집자답게 틀린 연도 표기에 대한 지적부터 사실 해석에 대한 문제까지 심도 깊은 의견을 주었다. 그 손길 덕분에 책이 좀 덜 부끄럽게 됐다. 고맙다. 압박하지 않되 분명한 관심으로 출간을 이끌어낸 정순구 대표께도 감사의 마음을 보낸다. 책에도 팔자가 있다면 이 책의 팔자는 정 대표가 정했다. 물론 책에 잘못이 있다면 책임은 내게로 온다. 틀리는 것은 여전히 부끄럽다. 풀처럼 누워서 고민하는 것도 그렇다. 그 부끄러움 무릅쓰고 다른 풀들에게 말을 건넨다.

2022년 10월

조형근

1장

민족주의, 제국의 욕망과 동행하다

가슴 벅차오르는 만주 벌판

〈광야에서〉라는 노래가 있다. 안치환이 '노래를 찾는 사람들'과 함께 부르는 버전도 좋고, 고 김광석이 부른 라이브 독창 버전도 더할 나위 없이 좋다. 그의 절창이 그리울 때 들으면 지나간 시간이 뜨겁게 되살아오곤 한다. 본디 민중가요였지만 이념 색깔이 두드러지지 않아서인지 대중에게 널리 사랑받고 있다. 독창으로도, 함께 부르는 노래로도 무척 인기가 많은 곡이다. 내 애창곡이기도 하다. 가사는 구체적인 메시지를 담고 있지는 않다. 그보다는 한국인이라면 대체로 공감할 수 있는 어떤 보편적 희원을 담고 있다. 잠시 살펴보자.

광야에서　　　　　　　　—문대현 작사·작곡

찢기는 가슴 안고 사라졌던 이 땅에 피울음 있다
부둥킨 두 팔에 솟아나는 하얀 옷에 핏줄기 있다

(후렴)

해 뜨는 동해에서 해 지는 서해까지

뜨거운 남도에서 광활한 만주 벌판

우리 어찌 가난하리요 우리 어찌 주저하리오

다시 서는 저 들판에서 움켜쥔 뜨거운 흙이여

가사는 도입부의 '하얀 옷', '피울음'과 '핏줄기'가 상징하듯 한민족이 살아온 고난의 세월을 회고하면서 시작한다. 후렴에 들어가서는 그 고난을 겪어온 한민족의 공간을 시각적으로 환기한다. 동해에서 서해까지, 남도에서 만주 벌판까지 공간이 그려진다. '남도'는 아마도 남쪽 지방을 가리키는 남도南道가 아니라 제주를 가리키는 남도南島일 것이다. 여기서 두드러지는 것은 북쪽 만주 벌판으로의 대담한 도약이다. 이 과감한 지리적 팽창과 함께 멜로디 또한 확연히 고양되면서 절정부로 접어든다. 더 이상 가난하지 않으리라고, 더 이상 주저하지 않으리라고 결연히 다짐한다. 이윽고 대단원에 이르러 저 광활한 만주 들판, 광야에 다시 서서 뜨거운 흙을 움켜쥐겠다는 힘찬 결의로 끝난다.

함축적인 노랫말이라 저 결의가 구체적으로 어떤 행동을 촉구하는지 해석은 사람마다 다를 수 있다. 그래도 한국인이라면 가장 먼저 떠올리는 이미지는 비슷할 것이다. 이 노랫말은 한라에서 백두까지가 상징하는 '통일'을 넘어, 만주 벌판이 상징하는 '고토 회복'의 열망과 뜨겁게 맞닿아 있다. 나는 여전히 〈광야에서〉가 좋다. 종종 흥얼거린다. 하지만 어느 순간부터 저 팽창주의적 메시지가 가슴 벅차기보다는 불편하다. 머뭇거려진다.

고구려 무사가 말달리던 광활한 만주 벌판을 회복해야 한다는 영토적 팽창 욕망이 부풀어 오른 지도 꽤 되었다. 외세 당나라를 끌어들인 신라의 소위 '삼국통일'이야말로 만주 벌판을 상실하게 하고 민족사를 쇠퇴시킨 결정적 계기라고 생각하는 사람도 무척 많다. 한민족의 역사를 위대했던 고대로부터 점차 초라하게 쪼그라든 몰락의 서사로 설명하면서 영광스런 고대를 회복해야 한다는 주장이 사람들의 감수성을 웅혼하게 자극해왔다.

고구려가 멸망한(668) 지 1,300년이 훨씬 넘었다. 다민족국가 발해의 멸망까지(926) 쳐도 약 1,100년이 넘는 시간이 지났다. 그동안 저 벌판에는 한민족 유래 정치권력의 통치권이 사실상 투사되지 않았다. 지배층 사이에서도 백성들 사이에서도 저 벌판을 되찾아야 한다는 강렬한 열망 따위는 사실상 없었다. 19세기 후반 생계를 위한 조선 농민의 두만강 월경과 1880년대 간도에 잠시 파견된 서북경략사의 존재를 들어 통치권 확장을 운운할 수는 없다. 그런 것을 영토주권의 근거라고 내세우는 게 바로 제국주의다. 영토가 사라진 지 천 년이 훨씬 지나서 새삼스레 회복하자는 건 침략하자는 선동이고 전쟁하겠다는 결의일 뿐이다.

통일도 못한 상태에다 중국 정부도 멀쩡하니 아마 정말로 고토 회복을 실행하자는 주장은 아닐 것 같다. 어쩌면 '초라하게' 한반도로 쪼그라든 우리 민족에게 '웅혼한 대륙적 기상'을 되살리기 위해 필요한 상상력의 무대로 만주 벌판 회복, 다시 말해 고토 회복을 촉구하는지도 모르겠다. 실제로는 대부분 이런 생각일 것이다. 한민족이 다시 위대해지기 위한 상상의 지리 공간으로서 만주 벌판!

이 고토 회복의 꿈은 언제부터 시작되었을까? 우리 민족이 과거에는 위대했지만 갈수록 비루해졌다는, 알고 보면 자기 멸시적인 '자학사관'… 그리하여 다시 위대해지려면 만주로, 외부로 팽창해야 한다는 욕망은 언제, 어떻게, 누구에 의해 시작된 걸까? 결론부터 말하자면 한민족이 가장 힘겹던 시기, 곧 일제시기부터 시작됐다. 그 상상력을 부추긴 건 놀랍게도 일본제국주의였다.

『남방의 처녀』, 식민지인이 꾸는 제국의 개꿈?

제 나라도 뺏긴 식민지인이 해외 팽창을 꿈꾼다는 건 어불성설이다. 그래서 식민지인이 꿈꾸는 팽창과 제국에 대한 야망은 대체로 허황된 판타지에 불과하다. 비루한 현실을 달래는 일회성 아편 신세를 면하기 어렵다. 백인이 아메리카 원주민을 대량으로 죽이는 할리우드 영화에 아시아인이 열광하는 건 부도덕을 논하기 이전에 어처구니없고 부조리한 일이다. 하지만 내 어릴 적 그랬던 것처럼 그런 게 뒤틀린 제국의 꿈, 즉 개꿈이다.

여기, 흥미로운 개꿈 사례가 하나 있다. 소설가 염상섭이 『남방의 처녀』라는 제목으로 1924년에 발표한 장편소설이다. 줄거리는 다음과 같다.

영국의 여행문학가 '구례상'은 취재를 위해 캄
포차(캄보디아)에 머물다가 캄포차의 국보에 대
한 정보를 얻는다. 그뿐 아니라 캄포차 공주 '라
순희'와 혼인까지 약속한 다음 런던으로 돌아온
다. 마침 악당 '우익소' 일당이 구례상의 비밀을
엿듣고 그를 해치려 한다. 이에 구례상의 친구이
자 세계적 명탐정인 '윤영구'가 개입하여 우익소
일당과 대결을 펼친다. 구례상은 공주를 만나러
캄포차로 가고, 윤영구 또한 국보 도난을 막아달라는 캄포차 국왕의
요청에 캄포차로 향한다. 윤영구는 캄포차 군대까지 동원하여 우익소
일당이 훔친 국보를 찾아내는 한편, 구례상과 라순희의 혼인을 도우
며 행복한 결말을 맞는다.

염상섭의 창작은 아니고, 원작에 역자의 창작을 보탠 '역술譯述'이라
는 형식의 작품이다. 원작은 아직 밝혀지지 않았다. 그러니 염상섭이
얼마나 고치고 보탰는지 모른다. 줄거리로 알 수 있다시피 캄보디아와
영국을 배경으로 삼아 보물을 둘러싼 탐정 모험 이야기이면서, 공주·
국왕·여행가·악당·탐정이 등장하는 로맨스 활극이다. 작품성을 따질
만한 소설은 아니다.

이 작품이 흥미로운 점은 이야기가 보여주는 놀라울 정도의 비현실
성이다. '어차피 소설'이라고 해도 너무 심했다. 캄보디아든 영국이든
1920년대의 식민지 조선에서 그곳들은 모두 지구 반대편, 아니 차라리

외계라고 해도 좋을 정도로 멀고 낯선 곳이었다. 소설의 배경이 되는 장소는 물론이고 여행문학가, 세계적인 명탐정, 공주와 국왕 같은 등장인물도 비현실적이고 환상적이기는 마찬가지다. 더욱 흥미로운 점은 이들이 구례상, 윤영구, 라순희처럼 조선인의 이름을 갖고 있다는 사실이다. 조선인 이름의 등장인물들이 펼치는 이국 판타지인 셈이다.

당대의 조선인 대다수에게 외국은 그야말로 환상의 세계였다. 해외를 체험한다고 해도 그 최대치는 기껏 일본과 중국, 혹은 연해주, 즉 러시아-소련령의 시베리아 정도였다. 이국 판타지를 충족시키는 가장 좋은 방법은 영화관에서 할리우드 영화를 보는 것이었다. 일제시기 내내 할리우드 영화는 늘 조선 영화나 일본 영화의 인기를 앞섰다. 식민지의 민중은 시네마 속에서나마 파라다이스를 찾고 싶었다. 그러나 영화 속 아름답고 멋진 주인공은 모두 백인이었다. 되고 싶어도 될 수 없다는 의미에서 할리우드 영화가 제공하는 꿈은 말 그대로 환상이었다. 주인공들의 이름이 모두 조선인인 『남방의 처녀』는 아마도 메울 수 없는 그 빈틈을 노린 작품이 아니었을까? 영화로는 표현 불가능한 꿈이 소설적 상상력으로는 가능했다. 『남방의 처녀』 같은 작품들은 시궁창 같은 식민지의 현실 속에 살아가야 하는 대중에게 판타지로나마 '제국의 꿈'을 선사했을 것이다. 터무니없는 개꿈일지언정 그렇게라도 진통제가 필요했을지도 모르겠다.

그런데 1930년대에 접어들면서 상황이 묘하게 변하기 시작했다. 어쩌면 그 꿈이 개꿈이 아닐지도 모른다는 생각이 조선인들 사이에 싹트기 시작한 것이다. 『남방의 처녀』 같은 비현실적 판타지가 아니라 실제로 체험할 수 있는 판타지의 시대가 열렸다. 어디서? 바로 만주에서.

「붉은 산」: 제국의 국책과 조선인 민족주의의 잘못된 만남

제국주의와 민족주의는 대립하는 신념이자 노선이다. 제국주의는 다른 민족에 대한 지배를 추구하지만, 민족주의는 민족자결을 절대 가치로 내세운다. 제국주의자의 관점에서 민족주의자는 위험한 불순분자이며, 민족주의자에게 제국주의자는 타도의 대상이다. 그런데 세상이 늘 그렇게 명쾌하지는 않다. 어떤 역사적 국면에서는 둘의 이해관계와 욕망이 겹칠 수도 있다. 서로 배제하지 않고 동행할 수도 있다. 1930년대 이후 식민지 조선에서 벌어진 상황이 그렇게 묘했다.

소설가 김동인의 대표작 가운데 하나인 「붉은 산」을 통해 이 기묘한 상황의 일단을 엿보자. 「붉은 산」은 일제시기를 대표하는 민족주의 소설 중 하나로 꼽히곤 한다. 1970~1980년대에는 중학교 국어 교과서에도 실렸다. 그 시절 청소년기를 거친 세대라면 누구나 아는 단편소설이다. 작품의 무대는 만주 오지의 조선인 개척촌이고, 주인공은 별명이 '삵'인 정익호라는 인물이다. 모두에게 미움받을 짓만 골라 하니 천하의 악당이다. 어느 날 송 첨지라는 노인이 소출을 가지고 만주인 지주 집에 갔다가 맞아서 송장이 되어 돌아왔다. 모두 분노했지만, 치욕스럽게도 누구 하나 나서는 사람이 없다. 그런데 다음 날 아침 삵이 피투성이가 된 채 발견된다. 홀로 만주인 지주를 찾아가서 항의했다가 초주

검이 된 것이다. 삵은 죽어가면서 화자인 '나'에게 이렇게 말한다. "보구 싶어요. 전 보구 시…" "뭐이?" "보구 싶어요. 붉은 산이, 그리고 흰 옷이!" "선생님 노래를 불러주세요. 마지막 소원— 노래를 해주세요. 동해물과 백두산이 마르고 닳도록…" 죽어가는 삵과 나와 조선인들이 함께 만주에서 애국가를 부르며 소설은 끝난다.

이 소설이 뜨겁게 형상화하는 민족주의는 반일 민족주의가 아니라 반만주, 정확히는 반중反中 민족주의다. 「붉은 산」은 김동인이 1932년 4월, 잡지 『삼천리』에 발표한 단편소설이다. 1932년 4월이라면 어떤 때일까? 일제가 만주사변을 일으켜 중국 동북지방 침공을 시작한 것이 불과 몇 달 전인 1931년 9월 18일이었다. 1932년 2월 5일 최후까지 버티던 하얼빈이 함락됐고, 3월 1일에는 일제의 괴뢰국인 만주국 수립이 선포됐다. 4월이라면 아직 화약 냄새와 피 내음이 선연하던 무렵이다. 그 참화의 엄중한 시국에 일제는 검열의 칼날을 아껴둔 채 조선인의 민족주의적 열정이 이렇게 뜨겁게 표현되는 걸 허용했다. 반일이 아니라 반중 민족주의였기 때문이다. 그 민족주의가 일제의 군홧발이 향한 그곳, 만주로 향하고 있었기 때문이다.

「붉은 산」은 1931년 7월 2일에 일어난 만보산 사건과 그 직후의 화교배척 사건을 떼놓고는 생각할 수 없다. 당시 중국 지린성吉林省 창춘현長春縣 만보산 지역에서는 조선인 이주 농민과 중국 원주민 농민 사이에 물길을 내는 문제로 갈등이 격화되고 있었다. 논농사를 지으려는 조선 농민이 물길을 내려다가 중국 농민의 밭을 가로지르게 되었다. 수로가 생기면 밭농사를 망치게 되니 중국 농민이 반발했다. 양쪽다 딱한 노릇이라 이 자체만 보면 누가 옳고 그른지 따지기 어려운 문제 같기도 하다. 하지만 조선 농민들은 중국 현지 당국으로부터 이주 허가도 논농사 허가도 받지 않은 상태였다. 즉, 불법 이주에 불법 영농이었다. 불법이 분명했는데도 사태가 금방 해결되지 않은 까닭은 일본이 개입했기 때문이다. 1905년 러일전쟁과 1914~1918년의 제1차 세계대전 승리로 일본은 중국 동북지방에서 상당한 이권을 차지하고 있었으며 영사경찰은 물론 관동군까지 주둔하고 있었다. 일본은 이 갈등을 국제법상 일본인으로 간주되는 조선인을 만주 지역으로 대량 이주시키기 위한 발판으로 삼고자 했다. 양국 사이의 협상은 계속 좌절됐다. 7월 2일에는 그예 중국 경찰과 일본 영사경찰이 출동해서 서로 총격전을 벌이는 사태까지 벌어졌다. 바로 만보산 사건이다.

총격전까지 벌어졌다니 대단한 참상이 일어난 것 같지만 사실 만보산 사건 자체는 그다지 심각하지 않았다. 중국 측에서 보자면 변경 지역의 여러 충돌 사건 중 하나였고, 총격전도 서로 위협에만 그친 무력시위에 그쳤다. 오히려 비극은, 이어진 조선 언론의 보도와 뒤이어 발발한 화교배척 사건이었다. 당일 오후『조선일보』는 한국 언론사상 최대 최악의 오보를 냈다. 만보산에서 중국 관헌이 조선 농민 다수를 살상했다며 호외를 뿌렸다. 분노한 조선인들이 들고일어나 전국에서 중화요리점을 부수고 호떡집에 불을 질렀다. '호떡집에 불난 것 같다'는 관용어가 이때 나왔다. 중국인이 사는 집에 돌을 던지고 사람들을 죽였다. 평양이 제일 심했고, 서울이 뒤를 이었다. 조선총독부가 학살을 의도적으로 조장했다는 음모론도 있지만 증거는 없다. 아무튼 조선총

화교배척 사건 만보산 사건 보도가 나간 뒤 전국 각지에서 중국인 습격 사건이 벌어졌다. 『매일신보每日申報』 1931년 7월 5일과 6일 자에는 인천에서 중국인 상점이 습격당해 파손된 사진이 실렸다. (출처: 국립중앙도서관 대한민국 신문 아카이브)

독부 경무국 통계로 119명, 중국 정부 발표로 142명, 총독부 비공식 집계로 200명의 중국인이 죽었다. 더 많은 중국인이 다쳤고, 수많은 가옥과 재산이 파괴됐다. 알고 보니 호외는 오보였다. 만보산 사건에서는 아무도 죽지 않았다. 곧 사실이 전해졌지만 조선인들의 손에는 이미 선혈이 낭자했다.

이 사건은 중국과 일본 사이에서 심각한 외교 문제로 비화했다. 진상 규명과 책임자 처벌, 사죄와 배상을 요구하는 중국 정부에 대해 일본 정부는 유감을 표하면서도 비협조적 태도로 일관했다. 중국 침략을 노리고 있던 일본은 사태 악화를 감수했다. 일본 언론은 화교들의 평소 '악행'을 비난하는가 하면 조선인의 용기를 칭송했다. 일본 현지에서는 조선인 '동포'들을 지지하는 관제 시위가 열렸다. 이렇게 중일 관계가 극도로 악화되어가던 와중에 관동군의 계략으로 9월 18일 만주사변이 발발했다. 일본의 대중국 무력 침략이 시작된 것이다. 만보산 사건과 화교배척 사건은 일본제국주의가 중국 대륙을 침략하는 과정에서 중요한 발판 노릇을 했다.

식민지인의 민족주의적 열정은 통치하는 제국에게는 매우 심각한 위협 요소다. 만주라는 새로운 공간은 식민지 조선인의 민족주의적 열정과 제국일본의 국책이 충돌하지 않고 동행할 수 있는 뜻밖의 여지를 제공했다. 중국인에게는 침략당한 땅인 괴뢰정권 만주국이 조선인에게는 설움을 풀 수 있는 기회의 땅이 되었다. 1930년대 내내 조선에서는 만주붐이 일었다. 도대체 무슨 일이 벌어진 걸까?

관동군이 만주족을 앞세워 수립한 만주국의 건국이념은 만주족, 한족漢族, 일본인, 조선인, 몽골인이 함께 협력해서 나라를 운영한다는 '오족협화五族協和'였다. 한편으로는 소위 '대동아공영'의 실험장이라는 맥락에서, 또 한편으로는 이민족 일본인이 극소수 만주족을 앞세워 절대다수 한족을 통치해야 하는 불가피한 상황에서 내건 이념이었다. 일본식 교육을 받고 자유롭게 일본어를 구사하는 일부 조선인들은 만주국에서 '지도 민족' 일본인에 이은 '이등 국민'의 자리를 노릴 수 있었다. 조선에서는 차별받는 식민지 주민이었지만, 만주국에서는 다섯 개 종족 중 이등이 가능한 상황처럼 보였다. 지도 민족이든 이등 국민이든 모두 오족협화 이념과는 맞지 않는 데다 공식적인 어휘도 아니었다. 그래도 엄연히 존재하는 말이고 현실이었다. 그게 만주국의 태생적 모순이었다. 만주국에서 조선인은 상대적으로 고임금을 받았으며 1940년 이후에는 식량 배급에서도 우선권을 얻었다.

1930년대 조선에서 일어난 만주붐은 「붉은 산」이 보여주듯 일본제국주의의 팽창과 동행하는 기묘한 민족주의적 열정의 한 형태였다. 적지 않은 소작농들이 자기 땅을 꿈꾸며 남부여대男負女戴, 등짐 지고 봇짐 진 채 만주로 가서 개척촌을 세웠다. 암울한 식민지 현실을 벗어나고자 떠난 것이다. 조선총독부는 조선 농민 100만 명을 만주로 이주시킨다는 계획을 세우고 추진했다. 국제법상으로는 일본인인 조선인이 만주국으로 대량 이주하게 되었다. 조선 농민이 의도했을 리는 없지만, 일본제국은 이로써 개입의 구실과 발판을 얻었다. 만보산 사건은 그 일각일 뿐이다.

일부 조선인들은 식민지인으로서는 언감생심이던 대학교수, 정치인,

외교관, 장교 같은 고위직이나 성공한 자본가를 꿈꾸며 만주로 향했다. 경성제국대학은 조선 유일의 대학이었지만, 조선인은 20년 넘는 역사 동안 띄엄띄엄 네 명이 임용된 게 전부다. 네 사람의 재임 기간을 합쳐도 2년이 못 된다. 조선학 분야 교수도 도쿄제국대학 출신의 일본인 연구자들이 도맡았다. 최남선은 제 나름 조선학을 개척하던 조선의 대표 지식인이었음에도 그 자리에 엄두를 낼 수 없었다. 대신 그는 만주국의 제국대학 격이던 건국대학의 교수가 되었다. 박정희는 장교가 되어 칼 차고 호령하고 싶었지만 일본 육사에 갈 수는 없었다. 만주군관학교가 설립되자 교사 노릇을 그만두고 군인이 될 수 있었다. 그 경로가 생긴 덕에 이후 일본 육사에도 입학할 수 있었고, 졸업 후에는 만주군 장교로 복무했다. 박정희가 사망한 뒤 잠시 대통령에 올랐던 최규하도 비슷하다. 고위 관료가 되고 싶었던 최규하는 도쿄고등사범학교를 졸업한 다음 만주국 관리 양성 학교인 대동학원을 이수하고 지린성吉林省 퉁양현通陽縣의 행정과장으로 근무하다가 해방을 맞았다. 적지 않은 조선인들이 만주국에서 군인·경찰·관료로 근무하며 통치의 하수인 노릇을 했다. 제국과 식민지가 만주라는 제3의 공간에서 이해관계가 겹쳤다.

곧잘 대표적인 '민족자본'으로 꼽히곤 하는 경성방직은 1920년대 동안 경영난을 겪으며 총독부의 지원으로 연명하다가 1930년대에 '만주붐'을 타고 본격적 성장을 구가했다. 1939년에는 현지법인인 남만방적을 설립했고, 이듬해에는 현지 공장을 건설했다. 세상에, 식민지 자본이 해외 진출을 시작한 것이다!

팽창 욕망을 정당화한 식민사학, 만선사관과 반도적 성격론

만보산 사건 이후의 화교배척 사건과 김동인의 「붉은 산」이 분명하게 보여주듯 조선인의 반중 감정은 심각한 수준이었다. 죄 없는 중국인을 학살하고서도 사죄와 반성보다는 오히려 반중 민족주의가 드높아졌다. 반중 민족주의의 이면에는 만주를 향한 팽창의 욕망이 자리하고 있었다. 제국일본의 총칼이 휩쓸고 지나간 자리에서 팽창의 욕망이 자랐다.

여기서 잠깐 생각해볼 점이 있다. 조선인들이 그냥 무작정 악독했기 때문에 그런 살상을 저질렀던 것일까? 그럴 리는 없지 않은가. 화교배척 사건은 점증하는 화교이주민, 상권을 장악해가는 화교상인과 노동시장을 잠식해 들어오는 화교노동자에 대한 반감이 축적되다가 오보를 계기로 폭발한 것이었다. 이미 1927년에도 전북과 인천 등 전국 여러 곳에서 화교배척 사건이 일어났다. 절대로 정당화할 수 없는 죄악인 건 분명하지만, 아무 이유도 없이 갑자기 터져 나온 '부조리한' 사건은 아니었다.

마찬가지로 천 년도 훨씬 전에 남의 땅이 된 만주를 향한 팽창 욕망 역시 그렇게 갑자기 툭 튀어나올 수는 없었다. 먼 옛날 우리 땅이었을 뿐만 아니라 이제라도 다시 찾는 게 옳다는 논리와 확신이 뒷받침되어야 했다. 만주를 향한 조선인들의 팽창 욕망에 정당화 논리를 제공한 것은 일본제국의 식민사학이었다. 만주와 조선이 역사적으로 하나라는 사관, 바로 만선사관滿鮮史觀이다.

만선사관은 일제가 막 대륙 침략을 시도하던 1900년대 초반, 시라토리 구라키치白鳥庫吉, 이나바 이와키치稻葉岩吉 등 일군의 동양사학자들이 중심이 되어 수립한 역사관이다. 이들은 만주사를 중국사에서 분리한 다음 조선사와 한 단위로 묶었다. 그래서 만선사관이다. 하지만 글자 순서 '만선'이 보여주듯 어디까지나 만주사가 중심이고, 조선사는 종속변수로 취급됐다. 언제나 만주에서의 변화가 한반도의 변화를 이끌었고, 한반도의 왕조는 만주에서 패배한 세력이라고 보았다. 일제의 만선사 연구에서 중심 주제는 단연 고구려였다. 고구려는 만주사와 조선사를 잇는 핵심 고리였다. 고구려는 만주와 한반도를 결합해서 중국에 맞선 위대한 강대국이었다. 그랬기에 고구려가 자기 나라 왜를 격파한 것조차 높게 평가했다. 반면 반도에 갇힌 신라는 폄하했다.

이런 주장에 고개가 끄덕여지고 가슴이 뛰는가? 한때 나도 그랬다. 현대 한국인 상당수의 가슴을 웅장하게 만드는 팽창주의 역사관의 출발에 일제의 식민사관이 있다. 만선사관은 이미 한반도를 차지한 일제가 한 발 더 나아가 만주에 대한 역사적 연고권을 주장하는 과정에서 나온 논리였다. 만주와 한반도는 역사적으로 한 덩어리이니 일제가 한반도를 차지한 이상 이제 만주까지 차지하는 게 당연하다는 주장이었다. 오늘날 신라의 삼국통일을 한탄하며 고구려 무사가 뛰놀던 고토 회복을 외치는 이들의 원조가 식민사학자들이다.

만선사관과 짝을 이루면서 대륙 팽창 욕망을 부추긴 또 하나의 식민사학 논리가 반도적 성격론이다. "한반도는 대륙 세력과 해양 세력이 교차하는 곳"이라서 어쩌고저쩌고하는 그 수많은 상투어구의 기원

이다. 식민사학자 도리야마 기이치鳥山喜一와 미시나 쇼에이三品彰英 등
에게서 나왔다. 대륙에 부속된 반도라서 타율성이 숙명이라는 논리다.
물론 이런 종류의 지리적 결정론이 대개 그렇듯이 어떤 역사적 실증적
근거도 없다. 그런데도 지금까지 진보와 보수를 막론하고 마치 확고부
동한 진실인 양 툭하면 저 문구를 버젓이 반복하고 있다.

만선사관과 반도적 숙명론이 가리키는 메시지는 간단명료하다. "당
신들의 고통, 이 비루한 현실은 현존하는 일본제국주의와 자본가, 지주
의 착취 탓이 아니다. 천 년도 더 전에 만주를 상실하고 반도에 갇혔
기 때문이다. 그러니 만주로, 대륙으로 가자." 한민족이 한반도를 역사
의 주 무대로 삼게 된 구체적인 맥락 따위는 중요하지 않다. 천 년 넘
는 세월의 공백 따위도 중요하지 않다. 일제의 앞잡이 노릇일 뿐이라
는 현실 인식 따위도 중요하지 않다. 식민지의 울분을 씻을 가슴 벅찬
제국의 대리 환상이 필요할 뿐이었다.

황군 깃발 아래 백마 달리던 고구려 쌈터로

제국의 대리 환상은 만주로 향한 소수의 야심가나 일부 농민의 꿈에
그치지 않았다. 그것은 '어느 정도는' 대중적인 현상이었다. 이렇게 말
할 수 있는 근거는 무얼까? 이 시기의 문학작품과 영화, 가요 등 대중
문화에서 힌트를 찾을 수 있다. 문학과 대중문화는 조금은 다른 방식
이지만 모두 변덕스러운 대중의 욕망과 환상에 민감하게 반응한다. 거

기서 돈이 나오기 때문이다.

김동인이 거칠게 묘사했던 만주를 향한 반중 민족주의는 1930년대 후반에 들어서면서 본격적으로 문학적 형상화의 주제가 된다. 1937년 중일전쟁의 발발은 중요한 계기였다. 좌파 카프 활동을 하다가 전향한 이태준이 1939년에 발표한 단편 「농군」은 아예 만보산 사건을 직접적인 배경으로 삼아 반중 민족주의를 선동한다. 역사적 사실과는 달리 소설에서는 중국 경찰이 가해자로 등장한다. 조선 농민들은 저들의 총탄을 뚫고 맞아가며 기어이 감격스럽게 수로를 건설한다. 일제시기 좌파 경향문학의 최고봉으로 꼽히는 『고향』의 작가 이기영도 전향한 후 만주로 향했다. 1944년 발표한 『처녀지』는 사상 사건으로 의전을 중퇴한 주인공 남표가 북만주의 조선인 개척촌 정안둔에서 새출발하는 과정을 그린다. 끝없는 지평선에 닿은 넓디넓은 들판을 바라보며 남표는 "무한한 희망"을 떠올리고 개척을 통해 "문화적 농촌"을 건설하면 얼마나 이상적일지 스스로 감동한다. 물론 만주는 결코 '처녀지' 같은 모욕적인 말로 묘사될 곳이 아니었다. 개척을 기다리는 빈 땅으로 만주를 묘사하는 것이야말로 일본제국의 시각이었다.

만주로 향한 또 다른 작가 중에는 북향 의식으로 유명한 안수길도 있다. 1959~1967년 사이에 잡지 『사상계』에 연재된 그의 대표작 「북간도」는 1870년대부터 1945년까지 북간도를 배경으로 조선인들이 겪는 수난과 투쟁을 담은 이야기로 유명하다. 「북간도」는 해방 이후의 작품이지만 그에게 만주는 일제시대부터 이미 염원의 땅이었다. 그가 말하는 북향 의식이란 것도 만주에 아름다운 고향을 건설하자는 조선인 개척민의 꿈을 표현한 말이다. 일찍이 1930년대 초부터 동인지『북향』의 멤버로 활동했고, 1936년부터는 용정의『간도일보』에서, 1937년부터는 만주국 수도 신경新京(오늘날의 창춘長春)에서 발행되던『만선일보』의 기자로 일한 그였다. 「북간도」에 앞서는 이 시기의 대표작 「북향보」는 제국의 팽창과 조선인 민족주의 욕망의 묘한 동행을 보여주는 작품이다. 줄거리의 기본은 주인공 오찬구가 위기에 처한 북향목장을 구해낸다는 이야기지만, 실제 방점은 조선 농민의 벼농사 역사를 찬미하는 데 있다. "조선 사람의 만주 개척에 대한 정신적 지주를 도혼稻魂, 벼의 혼"이라고 강조한다.

> 조선 농민은 만주에 덕의 씨를 심은 사람들일세… 그들은 볍씨와 호미를 가지고 왔네. 넓고 거칠어 쓸모없는 땅에 옥답을 만들고 거기에 볍씨를 심어, 요즈음 말로 하면 농지 조선 농산물 증산에 땀을 흘린 값으로 이곳에서 먹고살자는 것이었네. 얼마나 깨끗한 생각이요, 의젓한 행동인가. 하늘을 우러러 부끄러울 것이 없고 땅을 내려 보아도 역시 부끄러울 데 없는 바일세… 그 심은 덕의 씨에서는 싹이 돋았네. 만주 건국은 처음으로 돋은 덕의 싹이었었네.

만주는 '넓고 거칠어 쓸모없는 땅'이었는데 그곳에 볍씨를, 덕의 씨를 심어서 옥답을 만든 이들이 조선인이다. 조선인이 심은 덕의 씨에서 싹이 돋았는데, 그것이 곧 만주국 건국이라고 한다. 조선인의 민족주의가 바탕에 깔려 있는 작품이다. 그저 친일 작품이라고만 보기 곤

란한 이유다. 단지 친일 작품으로 치부해버리면 차라리 쉽게 비판할 수 있다. 그렇게만 볼 수 없기에 오히려 문제적이다. 조선인 민족주의에 바탕을 두고, 동시에 만주를 개척지로 보면서 만주국 건국을 긍정한다. 일본제국의 팽창 욕망과 동행하고 있는 것이다. 민족주의와 제국주의가 기묘하게 포개지는 하나의 모습이다.

  1941년에 개봉한 전창근 감독의 영화 〈복지만리〉와 그 주제가 〈복지만리〉도 흥미롭다. 필름이 남아 있지는 않지만, 알려진 줄거리에 따르면 영화는 주인공 청년인 강훛이 친구들과 함께 일본에서 만주로 건너가 벌목 사업을 하는 과정을 보여준다. 이들의 사업에 만주 일대의 한인 유랑인들이 모여들고, 강과 그의 친구들은 숱한 난관을 극복하면서 민족협화 마을을 건설해나간다는 내용이다. 영화는 크게 흥행하지 못했다. 사실 이런 유의 시국영화는 대개 흥행에서 재미를 못 봤다. 목적성이 앞서니 재미가 없었던 탓이다. 하지만 백년설이 부른 주제가 〈복지만리〉는 크게 히트했다. 영화는 일제의 국책에 봉사한다는 목적이 노골적으로 드러나는 반면, 노래는 확실히 좀 더 자유롭게 상상력을 자극했다. 가사를 보자.

복지만리　　—김영수 작사, 이재호 작곡, 백년설 노래

달 실은 마차다 해 실은 마차다

청대콩 벌판 위에 청노새는 간다 간다

저 언덕을 넘어서면 새 세상의 문이 있다

황색 기층 대륙길에 어서 가자 방울 소리 울리며

영화 〈복지만리〉 스틸컷과 그 주제가가 수록된 레코드 (출처: 한국영상자료원)

백마를 달리던 고구려 쌈터다

파묻힌 성터 위에 휘파람을 불며 불며

저 고개를 넘어서면 새 천지에 종이 운다

다함없는 대륙길에 빨리 가자 방울 소리 울리며

금방울 은방울 채찍을 날리며

끝없는 황톳길에 청노새는 간다 간다

저 언덕을 넘어서면 새 희망의 꿈이 있다

일락서산 해가 진다 어서 가자 방울 소리 울리며

일본이 침략한 땅, 만주가 이들에겐 '새 세상'이자 '새 천지', '새 희망'이었다. 저 '황색 기층'의 '다함없는 대륙길'은 애당초 '백마를 달리던 고구려 쌈터'였던 것이다. 마차를 타고 어서 빨리 가서 되찾고 개척해야 할 땅이었다.

이 시기 만주를 달리는 마차라는 이미지는 대중문화에서 일종의 클리셰, 즉 상투어구처럼 쓰였다. 〈꽃마차〉라는 노래도 있다. 들어보면 "아, 이 노래!" 할 정도로 잘 알려진 곡이다. 가수이자 작사가, 작곡가인 진방남의 히트곡이다. "노래하자 꽃서울 춤추는 꽃서울"로 시작하는 3절 구성의 노래다. 그런데 1942년에 발표된 원곡의 가사는 조금 다르다. "꽃서울"이 아니라 "하루빈"(하얼빈)이고, "한강물 출렁출렁"이 아니라 "송화강 출렁출렁"이며, "손풍금 소리"가 아니라 "대정금 소리"였다. 대정금大正琴(다이쇼고토)은 일본의 다이쇼大正 시기(1912~1926)에 만들어진 악기였다. 해방 후에 가사를 바꿨다. 가사를 바꾼 사정은 짐작이 간다. 그래서일까, 해방 후에도 친일의 기원이 은폐된 채 여전히 즐겨 불렸다.

일본제국의 시선으로 세상을 바라본 조선인

일본제국의 침략지가 만주를 넘어 중국 본토와 동남아시아로 점차 팽창되면서 식민지 조선 대중문화의 상상력도 점점 확장되었다. 백난아가 부른 〈황하다방〉(1941)은 내몽골의 시라무렌강(몽골어로 '누런 강(Yellow River)'을 의미하며 똑같은 뜻의 황허黃河강과는 다른 강이다. 두 강을 구별하기 위해 한자로 황수漢水라고도 썼다)과 상하이의 쓰마루四馬路를 배경으로 이국의 정취를 노래한다. 이해연의 〈안남 아가씨〉(1943)는 "남십자별빛 아래"의 안남(베트남)과 아유타야(태국의 도시명)에서 "벚꽃이 피는 나라"를 그리워한다. 이인권이 부른 〈밀림의 달밤〉(1943)은 "야자수 푸른 잎에 달이 뜨는 자바섬"에서 "대동아 그날 영광"을 꿈꾼다. 진방남의 〈고원의 십오야〉는 "부키태마 언덕 위 십오야 달" 아래서 "마라카의 파도 소리"를 들으며 "승리의 깃발 아래" 밤을 새고 있다. 부키태마 (부킷 티마Bukit Timah), 마라카(말라카)는 싱가포르 안팎의 지명이다.

일본제국의 점령지를 아름답게 그리는 식민지 조선의 대중가요들은, 짐작하다시피 일본제국 본토의 유행이 건너온 것이었다. 일본 대중가요계에서는 이미 1930년대 초·중반부터 이른바 '대륙 멜로디'가 유행하고 있었다. 〈국경의 마을国境の町〉(1934)을 시작으로 중일전쟁 발발 후에는 전선의 확대에 발맞춰서 〈상하이 소식上海だより〉(1938), 〈난징 소식南京だより〉(1938), 〈상하이 블루스上海ブルース〉(1939), 〈광둥 블루스広東ブルース〉(1939), 〈그리운 팔라우パラオ恋しや〉(1941), 〈마닐라 거리에서マニラの街角で〉(1942), 〈자바의 망고팔이ジャバのマンゴ売り〉(1942), 〈바타비야(네덜란드 식민지기 자카르타의 명칭)의 밤은 깊어バタビヤの夜は更けて〉(1942) 등이 히트했다. 멜로디와 가사 모두 일본이 점령한 지역의 특성을 강조했다. 거의 모든 노래들이 남성 화자가 현지의 풍경과 여인을 관조하는 형식을 취했다. 이런 특성은 조선의 대중가요에 고스란히 이전되었다. 조선인은, 적어도 조선의 대중가요는 제국 남성 지배자의 시선으로 동남아를 감상했다.

일제의 침략에 이등 국민으로 복무하던 조선인들 중에는 일본인만큼이나, 때로는 일본인보다 더 혹독하게 현지인을 괴롭힌 이들도 있었다. 싱가포르 건국의 아버지이자 독재자 리콴유李光耀(Lee Kuan Yew)는 자서전에서 이렇게 회고하였다.

> 내가 처음 본 한국 사람들은 일본 군복을 입고 있었다. 그 때문인지 한국인에 대한 나의 첫인상은 그렇게 좋은 편은 아니었다. 그 한국인들은 일본군이 싱가포르를 점령할 당시 이끌고 온 두 외인부대 중 하나였으며, 다른 외인부대는 타이완인들로 구성됐었다. 일본군을 돕고 있던 한국인들은 몹시 거칠게 행동했고, 일본 군인들만큼이나 고압적인 태도를 보였다.

소설가 이병구가 1958년에 발표한 단편 「해태 이전解胎以前」은 더욱 문제적이다. 주인공 김순만은 원래 징용으로 보르네오에 왔지만, 어쩌다 보니 정식 절차를 거치지 않고 일본군이 된 인물이다. 일본의 패색이 짙어지던 1944년 10월, 보르네오섬에서 김순만은 처음 본 조선인 '나'에게 말한다. "이게 서른두 명을 죽인 훈장이오." 이미 32명을 죽인 공으로 훈장까지 받았건만 김순만은 반드시 11명을 더 죽이려고 한다. 그렇게 군인도 아닌 양민을 죽이려 하는 김순만을 '나'는 달려들어 말린다.

> "놓슈! 여기를 쏴야겠어! 한 방에 네 놈은 죽일 것 같다!"

"그, 그런 말이 세상에! 그래 당신은 일본놈들의 그 만행을 본 볼 셈이오?"

"나는 그 열한 명을 여기서 죽여야겠어! 아파해가며 죽어가는 꼴들을 봐야지!"

왜 김순만은 꼭 11명을 더 죽이려 할까? 자기보다 10명을 더 죽인 일본군 나카무라 일등병이 갑종훈장을 탔기 때문이다. 나카무라를 이기려면 그보다 한 명을 더 죽여야 했던 것이다. 차별이 만든 콤플렉스 탓이었을까, 때로 일본군보다 더 일본군처럼 행동했던 조선인들이 있었다.

왕족을 제외하면 조선인으로서는 유일하게 일본 육군 장성까지 진급한 거물 친일파 홍사익도 그랬다. 홍사익은 평민 집안에서 태어나 1905년 대한제국 육군무관학교에 입학했다가 영친왕이 일본 육군중앙유년학교로 유학을 갈 때 동기로 수행했다. 황태자의 동기니 출세는 예정된 길이었다. 엘리트 코스인 육군사관학교와 육군대학을 거치며 승승장구하여 육군 중장까지 진급했다. 1944년 일본 남방총군 총사령부의 병참총감에 임명되었고 연합군 포로수용소장을 겸직했다. 전쟁이 끝난 후 포로 학대와 학살 혐의로 체포, 태평양전쟁 B급 전범으로 사형되었다.

패전 후 그는 본래 조선인이니 탈출하라는 부하들의 권유를 거절했다. 전범재판에서 사형선고를 받고도 항소하지 않았다. 제복을 입고 있으니 제복에 충성하겠다고 말했다. 그는 일본제국의 군인으로 죽었다.

그만큼 확신범이었다. 어떤 일본군인보다 더 일본군인답게 잔혹했다. 그리고 그 운명을 받아들인 채로 죽었다. 비굴하게 변명으로 일관한 자들에 비하면 비겁한 인물은 아니다. 이게 칭찬은 아니다. 그는 차별받는 식민지 출신의 콤플렉스가 빚은 하나의 거대하고 왜곡된 증상이었다.

진정한 친일 청산이 필요한 곳

패전 후 일본의 사상적 반성과 민주화를 상징하는 학계의 거장 마루야마 마사오丸山眞男는 1946년에 기념비적 논문 「초국가주의의 논리와 심리(超国家主義の論理と心理)」를 발표했다. 논문은 메이지유신 이후 일본의 근대화 과정을 비판적으로 성찰한다. 일본의 근대화는 위로부터 주도된 형식적 근대화였을 뿐, 양심에 매개된 자율적 개인을 형성하는 데는 실패했다는 것이 요지다. 특히 일본에는 내면을 지닌 개인들 사이의 수평적 관계에 대한 윤리 감각이 부재했다고 비판한다. 그 결과 일본인에게 개인과 개인, 국가와 국가 사이의 관계란 오직 수직적 위계의 관계로만, 명령과 복종의 관계로만 이해되었다. 점령지에서 일본군이 행사한 잔인한 폭력 또한 수평적 윤리 감각의 부재가 낳은 비극으로 반성된다.

마루야마 마사오의 연구 방법론 자체에 대해서는 시간이 지나면서 여러 비판이 제기되기도 했다. 서양에서는 내면을 지닌 양심적 개인들이 수평적 관계를 맺고 있는 반면, 동양은 그것이 결여되었다고 폄하하는 오리엔탈리즘적 접근의 전형으로 여겨지기도 한다. 서양의 근대를 '정상'이자 따라야 할 보편적 '모델'로 삼는 베버주의적 발상이라는 점에서 서구중심주의적 오류라는 비판도 적잖게 받고 있다. 적절한 비판이지만 그와는 별개로 일본 사회의 수평적 윤리 부재에 대한 자기비판과 성찰의 가치는 여전히 빛난다.

만주 벌판의 회복을 꿈꾸고 웅혼한 대륙적 기상의 회복을 촉구하는 한국 사회의 반일 민족주의는 어떨까? 거기에 일본제국의 수직성·폭력성을 극복하려는 담대한 성찰이 담겨 있을까? 단지 일본을 반대하고 증오하는 것일 뿐, 일본이 남겨놓은 수직의 폭력과 강한 것에 대한 열망은 그대로 반복하고 있는 것은 아닐까?

인터넷에는 고대의 동아시아라며 한반도와 중국대륙, 일본열도의 상당 부분을 한민족 기원의 나라가 지배하고 있는 여러 버전의 지도들이 떠돌아다닌다. 그중에는 네티즌의 순전한 상상의 나래가 펼쳐진 것도 있지만, 소위 '재야역사학' 혹은 '유사역사학'의 주장을 반영한 지도들도 있다. 심지어 미래 버전도 있다. 통일된 미래의 한반도 국가가 중국대륙과 일본열도의 상당 지역을 지배하는 그림이다. 흥미로운 사실, 아니 차라리 엄중한 사실은 이런 지도에 단지 극우 성향만이 아니라 민주·진보 성향의 꽤 많은 시민도 열광한다는 점이다. 외세와 손잡고 백제·고구려를 멸망시킨 신라에 대한 증오심은 참 보편적이다. 마치 신라의 통일이 오늘날 한국 사회 문제의 근본 원인이라도 되는 듯이 말이다.

독자들 중에는 이 지도들이 역사적 '사실'이라고 믿는 이도 있을 수 있다. 나에게도 고대사를 둘러싼 한국사학계와 유사역사학 진영 사이의 이견을 정확히 직접 판정내릴 만한 전문적인 식견은 없다. 한문 해독 능력도 없지만 원문을 좀 읽는다 한들 판정을 내릴 수 있는 분야도 아니다. 한글을 읽을 줄 안다고 한국 전문가가 될 수 없는 것과 마찬가지다. 텍스트 해독 능력을 넘어서 텍스트를 둘러싼 당대의 국제 정세나 문화적 맥락, 고고학적 발굴 성과 등에 대한 폭넓고 전문적인 이해를 요구하는 분야인 것이다. 문외한이 뭐라고 나설 수 있는 영역은 아니다.

그렇다고 해서 아무 판단도 내릴 수 없는 건 아니다. 어떤 영역에 대해 전문가적 식견을 갖춰야만 판단할 수 있다면 우리는 대부분의 영역에서 아무런 판단도 내릴 수 없을 것이다. 관련된 글과 연구를 찬찬히 따라 읽어보면 어느 쪽이 좀 더 합리적 근거와 설득력을 갖는지, 어느 쪽이 학문 연구에서 최소한의 기본 규칙을 지키고 있는지(혹은 마음대로 어기고 있는지) 정도는 판단할 수 있다. 나 역시 유사역사학의 주장에 환호하고 가슴 설레기도 했음을 고백한다. 그러나 그들의 주장은 진지한 학문 연구의 틀에서 크게 벗어난 지 오래라는 게 분명해졌다.

유사역사학의 주장에 열광하는 이들에게 부족한 것은 한문 해독 능력이라기보다는 역사에 대한 성찰 능력이다. 콤플렉스의 치유를 위해 필요한 것은 팽창주의적 서사와 욕망이 아니라, 그 서사와 욕망이 일으킨 비극에 대한 통찰이다. 한때 거기에 부화뇌동해서 침략의 앞잡이 노릇을 했던 사실에 대한 냉정한 자기비판이다. 한국의 교과서는 아직도 만보산 사건 직후 화교배척 사건 때의 학살을 가르치지 않는다. 일제의 침략에 어떻게 조선인들 중 일부가 제국의 꿈을 꾸며 협력했는지 말하지 않는다. 식민지 조선의 대중문화에서 팽창주의의 판타지가 넘쳐났던 역사를 반성하지 않는다. 친일 청산이 정말 필요한데도 외면받고 있는 곳, 바로 여기다.

2장

식민지근대화론 넘어서기

어쩌다 일베가 될까?: 일제시기의 쌀 '수출'

학교 수업이나 일반인 대상의 강연 때면 일제의 '수탈'과 관련하여 곧잘 물어보는 질문이 있다. "일제가 우리 농민의 쌀을 수탈해갔다는데, 구체적으로 어떤 방법으로 수탈했는지 아시나요?" 거의 대부분 대답이 없다. "수탈해간 건 확실한가요?" 하고 물으면 고개를 끄덕인다. 그래서 다시 물어보곤 한다. "순사나 면서기 같은 공권력이 농민의 집에 찾아와서 마당이나 창고에 있는 쌀을 뺏어간 걸까요?" 역시 대답이 없다. 아, 물론 아예 몰라서 대답을 못하는 건 아닐 게다. 청중이 되면 왠지 주눅이 드는 건 나도 마찬가지다. 중요한 건 자신이 없다는 것. 잘 모르기 때문이다.

생각해보자. 정말 이런 식으로 순사나 면서기가 농가를 찾아와 쌀을 직접 빼앗아갔다면 일제의 식민 지배가 몇 년이나 갈 수 있었을까? 눈앞에서 내 먹을 걸 뺏긴다면 이왕 굶어 죽을 팔자, 이판사판 목숨 걸고 저항하는 것이 인간이다. 죽창 들고 맞서기 마련이다. 일제가 나쁘긴 해도 바보는 아니었다. 저랬을 리가 없다. 하지만 많은 한국인의 머릿속에서 일제의 쌀 수탈은 이런 식으로 이미지화되어 있다. 그리고 의문을 품지 않는다. 그러다가 식민지근대화론자들이 말하는 쌀 '수출'의 '팩트'를 알게 되면 '멘붕'에 빠져버린다. 그중 일부는 충격을 받아 일베가 되고, 그다음부터는 거꾸로 일제의 식민 지배를 찬양하게 된다. 이래서 잘 아는 것이 중요하다.

쌀 수탈의 실제 메커니즘은 어땠을까? 이 시기 조선 농민 대다수는 지주 땅을 부치는 소작농이거나, 약간의 자기 땅을 갖고 경작하면서 소작을 겸하는 자소작농이었다. 한 해 농사를 지으면 대개 수확량의 절반 정도를 소작료로 냈다. 나머지는 먹고, 물세와 비료, 농기구값을 물고, 생활비 등으로 쓰기 위해 시장에 내다 팔았다. 시장에 파는 쌀은 대개 인근의 비농민이 사 먹었다. 그러니 수탈과는 직접 관계가 없다.

이른바 수탈의 경로로 들어간 쌀의 대부분은 농민이 지주에게 낸 소작료 몫의 쌀이었다. 지주의 직접 경작분 중 출하하는 몫이 있다면 그것을 더해 식량이 모자라는 일본으로 '수출'(당시 용어로는 '이출')했다. 조선에서 생산된 쌀의 절반 정도가 일본으로 건너갔다. 쌀 수출은 수지맞는 사업이어서 지주들은 큰 흑자를 봤다. 조선총독부는 소수의 일본인과 조선인 상층으로 이루어진 지주들의 이익을 대변했다. 쌀 수출 촉진 정책을 폈고, 출하기 집중에 따른 가격 폭락을 막기 위해 농업창고를 지었다. 쌀 등급 관리와 품질 유지를 위해 곡물검사소를 만들고, 쌀 생산지와 수출항 사이에 철도를 건설했다. 민간 자본도 끌어들였다.

1920년대 군산항 비옥한 호남평야에 자리 잡고 있는 군산은 일제시기에 쌀 수출항으로 중요한 역할을 수행했다.

예를 찾아보자. 1925~1927년 사이에 순차적으로 개통된 사유철도 경기선(해방 후 1955년에 안성선으로 명칭 변경)은 천안에서 안성을 거쳐 이천, 장호원까지 연장됐는데, 경기 남부와 충북 북서부 지역의 쌀을 군산항으로 모으는 통로였다. 1944년에 전쟁 물자로 안성에서 장호원 구간의 철도 레일을 뜯어 공출하면서 폐선됐는데, 해방 후에도 복구되지 않았다. 애당초 한국인의 수요에 맞지 않는 노선이었던 탓이다. 의외일 수도 있지만 조선산 쌀 때문에 큰 피해를 입은 또 다른 당사자는 일본의 농민이었다. 일본 농민들은 "조선산 쌀 때문에 일본 농민 다 죽는다"며 항의하고 시위를 벌이곤 했다. 도쿄의 제국의회에서는 조선산 쌀 수입 규제가 큰 논란거리였다. 조선의 일본인 지주들은 조선미를 차별하지 말라며 도쿄에 가서 로비를 벌였다. '수탈'의 참상과는 잘 들어맞지 않는 '수출'의 이미지다.

쌀 수출의 시장 메커니즘: 『탁류』의 사례

일제의 쌀 수출이 얼마나 복잡한 '시장기구'를 활용했는지 잘 보여주는 소설이 있다. 군산의 미두장을 주된 배경으로 한, 채만식의 대표작 『탁류』다. 주인공 초봉의 아버지 정 주사는 미두 투기에 빠져 재산을 탕진하고서, 역시 미두에 빠진 은행원 태수에게 초봉을 억지로 시집보낸다. 미두장의 부나방 같은 욕망에 스스로 파멸해가는 정 주사, 음모의 화신 태수와 형보, 굴곡진 삶에도 당당히 일어서려 애쓰는 초봉과 계봉 자매, 그들을 돕는 승재 등 『탁류』에는 미두장을 둘러싼 욕망과 절망이, 배신과 음모가, 사랑과 믿음이, 그 흐리고 유장하고 거친 물살이 굽이굽이 물결치며 흐른다.

흔히 미두장으로 불리던 미두거래소는 1896년 인천에 제일 먼저 세워졌고, 1910년대에 이르러서는 전국 아홉 개 도시에 개설되어 있었다. 인천, 부산, 군산, 목포, 진남포, 강경, 대구 등 대부분 일본과 거래가 이뤄지는 거점 도시였다. 조선총독부가 산미증식계획을 추진한 1920년대부터 이들 도시의 미두장에서는 거래 규모가 폭증했다.

미두장의 거래 방식은 대부분 현물거래가 아니라 청산거래였다. 오늘날의 선물거래라고 생각하면 된다. 선물거래란 미래의 특정 시점에

특정한 조건을 갖고 거래하기로 약정하는 예약 거래의 일종이다. 특정 날짜에 석당 얼마의 가격으로 쌀 몇 석을 거래할 수 있는 권리를 사고 파는 것이다. 예컨대 석당 10원에 쌀 100석을 살 권리를 샀는데, 청산 시점의 시세가 석당 13원이라면 300원의 이익을 얻게 되는 식이다. 반대로 시세가 10원보다 싸면 그만큼 손해를 보게 된다.

현대의 선물거래가 그렇듯 원래 청산거래의 목적은 투자에서 발생할 수 있는 위험을 회피하는 데 있었다. 흔히 헤지(hedge)라고 불리는 방법의 하나다. 선물거래소의 원조는 1848년 미국 시카고에 설립된 시카고상품거래소다. 곡물 거래가 대량화·시장화되면서 시세 변동에 따른 위험도 같이 커지자 위험 분산을 위해 등장했다. 오늘날 시카고상품거래소는 세계 최대의 선물거래소가 되었다.

규모는 비할 바 못 되지만 식민지 조선의 미두장 역시 시카고상품거래소와 동일한 경제적 기능을 목표로 설립되었다. 하지만 누군가의 위험 회피는 늘 누군가의 위험 감수를 동반하는 법! 시카고든 군산이든 선물거래소는 곧 거대한 투기장으로 변모했다. 미두장은 돈 없이 투자하는 걸 막기 위해 증금證金, 즉 증거금을 내게 했는데 투자금의 10%에 불과했다. 나아가 선물을 살 권리 자체가 다시 매매되었다. 현물이 오갈 때까지 이 권리는 무제한으로 매매될 수 있었다. 엄청난 레버리지(leverage: 부채를 끌어다가 자산 매입에 나서는 투자 전략)가 일어났다. 현물인 쌀 거래에서 위험 회피 및 거래의 합리화라는 당초 목적은 사라지고, 시세 차익을 노리는 미두쟁이들이 부나방처럼 미두장으로 달려들었다.

조선의 부호들이 이 기회를 놓칠 리 없었다. 큰손들이 미두장을 조종하기 시작했다. 조선에서 수입하는 쌀의 양이 막대하게 커지자 일본 자본도 이 거래에 뛰어들었다. 거품이 생기고 터지고를 반복했다. 식민지의 우울한 인생들도 너 나 할 것 없이 미두쟁이가 되어 이 투기 열풍에 탑승하기 시작했다. 지금의 주식, 코인 열풍과 다를 바 없다. 일확천금을 꿈꾸다 알거지가 되는 개미들도 속출하기 시작했다. 이 알거지들을 묘사하는 『탁류』의 구절이 백미다.

미상불 미두쟁이가 울기들은 잘한다. 옛날에 축현역(시방은 상인천역) 앞에 있던 연못은 미두쟁이의 눈물로 물이 괴었다고 이르는 말이 있다. 망건 쓰고 귀 안 뺀 촌샌님들이 도무지 어떤 영문인 줄도 모르게 살림이 요모로 조모로 오그라들라치면 초조한 끝에 허욕이 난다. 허욕 끝에는 요새로 친다면 백백교百百教, 돌이켜서는 보천교普天教 같은 협잡패에 귀의해서 마지막 남은 전장을 올려 바치든지, 좀 똑똑하다는 축이 일확천금의 큰 뜻을 품고 인천으로 쫓아온다. 와서는 개개 밑천을 홀라당 불어버리고 맨손으로 돌아간다.

그들이 항우 같은 장사가 아닌지라, 강동 아닌 고향으로 돌아갈 면목은 있지만 오강吳江 아닌 축현역에 당도하면 그래도 비회가 솟아난다. 그래 차 시간도 기다릴 겸 연못가로 나와 앉아 눈물을 흘린다. 한 사람이 그래, 두 사람이 그래, 열 사람 백 사람 천 사람이 몇 해를 두고 그렇게 눈물을 뿌리니까, 연못의 물은 벙벙하게 찼다는 김삿갓 같은 이야기다.

그렇게 눈물 흘리던 미두쟁이들 중 한 명인 『탁류』의 정 주사 사연을 들어보자. 선비 집 자손인 선친 덕에 정 주사는 넉넉하지는 않아도 '남부끄럽지 않게' 신구 학문을 모두 공부했다. 보통학교 4년만 마쳐도 군서기 노릇은 넉넉히 하던 시절이라 그도 스물세 살부터 서른다섯까지 13년간 군서기로 일했다. 그래 봐야 한낱 고원 신세. 아무리 사무에 능숙해져도 결국 승진하지 못하고 도태되었다. 얼마 안 되는 땅을 팔아 군산으로 건너온 연유다. 처음에는 미두장 중매점의 사무를 보아주면서 월급 벌이를 했고, 남은 돈 이삼백 원도 수중에 있어서 그리 군색한 형편은 아니었다. 미두를 하기 전까지는 그랬다. 그럼 왜 미두에 뛰어들었을까? 아이들은 자라고 학비까지 들면서 살림 비용은 점점 늘었다. 집을 은행에 저당 잡히면서까지 열심히 일했지만 월급쟁이로는 빚만 늘었다. 결국 마지막 재산인 집을 팔고, 손에 쥔 돈 삼백 원으로 미두에 나섰던 것이다.

큰손들이 좌우하는 투기장에서 정 주사 같은 개미의 성공은 애당초 무망했다. "미두를 시작하고 보니 바로 맞는 때도 있고 빗맞는 때도 있으나, 바로 맞아 이문을 보는 돈은 먹고사느라고 없어지고 빗맞을 때는 살 돈이 떨어져 나가곤 하기 때문에 차차 밑천이 떨어져들었다." 결국 정 주사는 미두장의 최하 신분인 하바꾼까지 전락한다. 하바꾼이란 증거금을 낼 돈이 없어서 정식 거래는 못하지만 차마 미두장을 떠나지 못하고 시세 맞추기 도박으로 연명하는 부류다. 장외의 도박판이니 거짓과 폭력이 난무했다. 『탁류』의 도입부가 이 이야기다. "정 주사는 시방 미두장 앞 큰길 한복판에서, 다 같은 '하바꾼'이로되 나이 배젊

군산 축항 기념탑　1926년 군산의 축항 기공식을 기념하기 위해 쌀가마니로 탑을 만들어 쌓았
다. (출처: 국사편찬위원회) 채만식의 『탁류』에는 군산의 미두장을 배경으로 한 1930년대 사회
생활상이 그려져 있다.

은 애송이한테 멱살을 당시랗게 따잡혀 가지고는 죽을 봉욕을 당하는 참이다." 욕을 보고 있는 이유는 간단했다. 소위 '총을 놓았다'는 것인데, '하바'를 하다가 지고서도 돈을 내놓지 않은 것이다. 밑천이 한 푼도 없으니 지면 대책이 없었다. 새파랗게 젊은 하바꾼에게 멱살을 쥐여 목이 졸리고 숨이 막혀도 그저 빌 뿐인 처량한 신세의 정 주사다.

『탁류』 속에는 칼 찬 순사가 농가를 찾아가 쌀을 빼앗아가는 원초적 폭력 장면이 없다. 대신 자본주의의 첨단 거래 방식인 선물시장의 복잡한 작동 절차와 부나방 같은 투기의 욕망들, 개미들의 눈물로 가득 차 있다. 그 외관은 파생 상품을 거래하는 오늘날의 자본시장과 다르지 않다. 일제는 일본으로 쌀을 빼어간 것이 아니라 시장기구를 이용해서 사 갔다. 개미들의 피눈물이 넘쳐났지만, 그건 현대자본주의도 마찬가지다. 뉴라이트 연구자들이 쌀 수탈이 아니라 쌀 수출이라고 주장하는 이유다.

생산자 농민의 삶

이대로라면 식민지 조선의 쌀이 일본으로 가는 과정은 오늘날 중국산 배추와 칠레산 포도, 미국산 쌀이 한국에 수입되는 과정과 별반 다를 바 없다. 과연 그럴까? 여기서 우리는 '전체적 맥락'이라는 것이 얼마나 중요한지 깨닫게 된다. 맥락의 중요성을 알게 해주는 간단한 사례 하나를 떠올려보자. 영국의 정치철학자이자 문학비평가인 이사야

벌린(Isaiah Berlin)은 나치의 유태인 학살을 진술하는 데 네 가지 방식이 있을 수 있다고 말한다. ①그 나라의 인구가 줄었다, ②수백만 명의 사람이 죽었다, ③수백만 명의 사람이 죽임을 당했다, ④수백만 명의 사람이 학살당했다. 얼핏 보면 ①이 가장 객관적으로 사태를 서술한 것처럼 보인다. 하지만 우리는 안다. 그 사태는 단순한 인구 감소나 죽음·죽임이 아니라 학살이었음을. 그러므로 ①이야말로 가장 악의적인 왜곡이고, ④야말로 사태에 대한 가장 객관적인 진술이 된다.

일제시기의 쌀 '수출'에 대해서도 우리는 이렇게 말할 수 있다. 지주와 산지 매집상, 수입상, 판매상, 창고업자, 미두장의 투기꾼들이 제각기 주인공으로 등장하는 진술 속에는 막상 쌀을 생산하는 조선인 농민의 삶이 통째로 빠져 있다. 그들의 고된 노동, 고율의 소작료, 대부분 소작농이 전담하던 지세와 물세, 비료값 같은 이야기가 빠져 있다. 갈수록 악화되던 농가 부채와 고리대 이자율 같은 이야기도 없다. 갈수록 자작농이 줄고 소작농이 늘어나던 양극화의 현실도, 고향을 떠나 도시로, 일본으로, 만주로 이주하던 이산離散의 비극도 빠져 있다. 무엇보다 식민지 조선의 농민들에게 산미증식계획이나 일본으로의 쌀 '수출'을 거부할 권리 같은 건 아예 없었다는 사정도 전혀 고려하지 않는다. 애초에 이들에게 선택의 자유 따위는 없었다. 이런 것들이야말로 현대 미국의 쌀 재배 농민, 칠레의 포도 재배 농민과 식민지 조선의 농민 사이에 가로놓인 결정적 차이다.

일제시기 농민소설의 대표작으로 꼽히는 이기영의 『농민』 중 한 구절을 보자. 그해 원칠네 논에는 풍년이 들었으니 마음이 벅차야 하는 데, 그렇지 않다.

> 근년에는 금비를 주어서 소출이 많다. 그러므로 만일 금비를 사주지
> 않는 작인(소작인)은 소작권을 떼일 염려가 있다. 그것은 지주에게 해
> 가 된다는 것이었다. …… 하긴 금비를 주어서 소출이 훨씬 많이 난
> 다면 그것은 지주나 소작인이 일반으로 유익할 것 같지마는 실상인즉
> 그렇지 않다. 혹시 후한 지주는 비료대를 절반씩 갚아주기도 한다. 원
> 체 비료값을 소작인에게 전부 물리는 것은 지세를 그들에게 부담시키
> 는 것과 일반으로 불공평한 일이다. 그런 것을 반액도 안 물어주는 지
> 주가 많다. 민 지주도 예에 빠질 수는 없다. 그런즉 작인에게는 그전
> 에 물지 않던 금비 대금이 새로운 부담으로 되지 않는가? …… 더구
> 나 비료대에는 거의 반년 동안이나 이자가 붙지 않느냐? 그러면 벼 한
> 섬에 십 원씩을 치더라도 오히려 비료값이 부족하지 않은가? 그런데
> 곡가는 점점 떨어지고 금비값은 점점 올라가니 농촌의 피폐한 이유는
> 이 한 일에서만 보더라도 족히 짐작할 수 있지 않느냐. …… 어쩌다가
> 농사를 잘 지은 요행도 이래서는 허무하다. …… 농사를 잘 지은 원칠
> 이가 이럴 적에야 다른 사람들은 말할 것도 없지 않은가.

이전에는 자급 비료, 즉 녹비綠肥를 사용했지만 이 시기에는 소출을
늘리기 위해 갈수록 화학비료를 많이 쓰게 되었다. 돈 주고 사야 하니
금비金肥라고 불렀다. 수리조합이 늘어나면서 물세 부담도 늘었다. 수
확 증대를 위해 비용 투자가 늘어나던 시절이다. 지주들은 소작료로

소작료 문제를 다룬 만평 『조선일보』 1924년 1월 1일 자에 실린 만평이다.(출처: 국사편찬위원회) 기름진 풍채의 지주가 "달라는 대로 안 주니 이놈 좀" 잡아가라며 일제 경찰에게 말하자, 소 작인은 "내야 무슨 죄가 있소, 목구넉(목구멍)이 원수요!"라고 답한다. 이에 일제 경찰은 "이놈 아! 야가마시(시끄럽다)"라며 소작인을 포박해 잡아가는 장면이 묘사되어 있다.

수확의 절반을 받으면서도 지세, 물세, 비료대 등 비용은 부담하지 않 았다. 반분해주면 칭송받는 좋은 지주였다. 그만큼 드물었다. 그러니 실제로 소작농의 몫은 수확량의 절반에도 한참 못 미쳤다.

 악덕 지주들은 훨씬 심했다. 1923~1924년에 격렬히 진행된 암태도 소작쟁의의 경우를 살펴보자. 암태도는 전남 무안군에 속한, 둘레 100 여 리에 달하는 큰 섬이다. 암태도 수곡리 출신으로 목포에 나가 살고 있던 문재철은 소작농 수백 명을 거느린 대지주였다. 7할에서 8할에 달하는 고율의 소작료를 요구하여 소작농들이 크게 분개했다. 농민들은 암태소작회를 조직하여 소작료를 4할로 내릴 것을 요구했다. 섬의 특성상 퇴비 자원도 빈약하고 토지가 비옥하지 않아서 5할의 소작료도 벅찼던 것이다. 양측의 갈등은 큰 충돌로 비화되어 소작농들은 소작료 불납을 결의했다. 주재소의 경찰은 물론 목포 경찰까지 출동해서 소작농들을 위협했다. 농민들은 물러나지 않았다. 1차에는 400여 명, 2차 때는 600여 명의 소작농이 목포까지 원정 투쟁을 벌였다. 목포 시민들이 지지하며 연대투쟁을 벌였다. 수십 명이 체포되고 그중 13명은 재판에 회부됐다. 결국 경찰이 개입하여 소작농들의 요구가 반영된 조정안이 관철됐다. 일제는 암태도 소작쟁의가 전국적인 관심으로 부각되는 사태가 부담스러웠다. 암태도 소작쟁의를 다룬 송기숙의 소설 『암태도』에 그 실상이 생생하다.

소작인들이 소작료를 지고 지주 집에 가면 다시 섬을 풀어 마질을 했는데, 말잡이가 마질을 하기 전에 벼를 멍석에 늘어놓고 쇠가죽 부채로 한바탕 세게 부채질을 했다. 이 쇠가죽 부채는 크기가 거진 방석 반쪽만 했는데, 이것으로 한번 부치면 집에서 일껏 키질을 해갔는데도 쭉정이가 불티 날아가듯 날았다. 마치 쭉정이가 살아 그렇게 붙어 있다가 가죽 부채에 놀라 날아가기라도 하는 것 같았다. 말감고는 그 쭉정이 나는 것으로 어림잡아 두 되 혹은 서 되를 미리 더 받아냈다. 그래서 소작인들은 그에 대비해서 오쟁이에다 그만큼씩 미리 벼를 더 담아가야 했다.

그러나 이 쇠가죽 부채질은 소작료 걸태질하는 잔가락에 불과했다.

배메기 반타작으로 소작료를 받다가 잡을도조(간평도조看坪賭租)로 소작료를 받아가는 방식이 바뀌면서부터는 이게 소작료라기보다 가만히 세워놓고 생골을 내간다 하게 무지했다.

타작마당에서 알곡의 반을 나누어 가던 배메기 때는 마당쓰레기 한 주먹 안 남기고 아무리 손끝 맵게 훑어간다 하더라도 전체 수확량의 반을 넘겨 받아갈 수는 없었으나, 왜놈들이 논을 차들이면서부터 새로 생긴 이 잡을도조법은 이게 소작인들을 잡는다 해서 잡을도조가 아닌가 하게 무지막지했다.

가을에 벼가 익어 알이 여물어가면 지주가 현지에 나와서 간평이라는 것을 했다. 작황을 보고 자기들이 받아갈 소작료를 책정하는 일이었다. 이 간평도조도 명목상으로는 5할이었지만, 타작을 해놓고 보면 지주가 내라는 소작료는 실제 수확량의 7, 8할이 넘었다.

벼를 논바닥에 세워놓고 눈대중으로 어림짐작을 해서 소작료를 매긴다는 것부터 말이 안 되는 짓이지만 비록 그렇게나마 소작료를 매기려면, 이 논에서는 얼마나 나겠으니 그 반인 얼마를 내라, 이래야 우선 말이라도 될 것인데 그런 것은 숫제 입에 올리지도 않고 자기들이 받아 갈 소작료만 이 논에서는 얼마, 또 저 논에서는 얼마, 이렇게 개 입에 벼룩 씹듯 내갈기고 다닐 뿐이었다. 자기들도 그것이 강도질이라는 속은 있기 때문에 수확고나 소작료율은 처음부터 입에 올리지 못하는 것이다. ……

작인들은 울며 겨자 먹기로 벼를 베어다가 마당질을 해서 작석을 해보면 7할은 양반이고, 8할이 휘청할 때가 대부분이었다. 이런 무지한 소작료를 안암팎으로 끙끙 앓으면서 지주 집에 지고 가면 여기서는 또 이 쇠가죽 부채로 창자를 뒤집어놨다.

소설에서는 지주가 소작료 산정 방법으로 타조 대신 도조, 특히 잡을도조라는 방식을 사용하여 소작농을 수탈하는 방법을 묘사한다. 원래 타조(배메기)는 수확량의 절반을 나누는 정률제, 도조는 일정량을 미리 정해두는 정액제다. 조선 후기 타조에서 도조로의 변화는 농민에게 이익이었다고 평가되곤 한다. 하지만 위에서 보듯 일제시기에 도입된 잡을도조는 전혀 달랐다. 예상 수확량을 정하고 그 절반을 소작료로 내게 했다. 예상 수확량을 정하는 간평이 지주의 권력이었다. 간평을 높이면 소작료도 올랐다. 거기에다 쌀을 계량하는 마질이나 되질로 또 농간을 부렸다.

지주에게는 쌀 수출로 이윤이 쌓이는데, 막상 생산하는 농민의 삶은 갈수록 어려워졌다. 열심히 일해도 빚이 점점 늘었다. 숭실전문학교 교수이던 경제학자 이훈구 연구팀이 전국 13개도 1,249개 농가를 조사한 바에 따르면, 1930년 말 현재 조사 대상 농가의 3/4 이상인 983개 농가가 부채를 지고 있었다. 이자율을 추산해보면 경작지주 9.1%, 자작농 9.2%, 자소작농 10.6%, 소작농 19.9%로, 토지 소유 서열에 정확히 대응했다. 연 이자율 20%라면 엄청난 고리대지만 실상 이 정도 조건으로 빚을 질 수 있기만 해도 형편이 나은 축에 속했다. 많은 영세농민은 장리꾼에게 돈을 빌렸는데 이자율이 50%는 물론이고 100%를 넘는 경우까지 있었다. 결국 빚을 감당하지 못한 농민은 땅을 팔아 소작농으로 몰락했다. 1913년에는 전체 농가 중 자작농 비율이 22.8%였으나, 30년이 지난 1943년에는 17.6%로 줄었다. 자소작농은 41.7%에서 27.7%로 줄었다. 반면 소작농은 32.4%에서 48.6%로 늘었다. 농지의 독점이 강화되고, 중소·영세농가의 가계경제는 갈수록 어려워졌다. 조선총독부가 1931년부터 대대적으로 농촌진흥운동을 전개하고, 1932년에 조선소작조정령, 1934년에 조선농지령을 공포하면서 지주-소작 관계에 개입한 것은 이런 농촌의 위기 상황을 반영한 것이었다.

식민지 조선의 지주-소작 관계 아래서 생산된 쌀은 자본주의적 유통기구를 거쳐 일본으로 수출됐다. 즉, 일제시기의 쌀 이동은 지주-소작 관계에서 자행되는 수탈과 자본주의적 수출이라는 양면이 결합된 과정이었다. 일제시기에는 자본주의의 진전과 지주제 강화가 동시에 일어났다. 달리 말하면 자본주의적 모순과 봉건적 모순이 중첩되고 복합되면서 모순이 더 첨예하게 심화됐다. 소작료를 놓고 벌어지던 소작쟁의의 뜨거운 열기와 투기 차익을 노린 미두장의 펄펄 뛰던 욕망을 동시에 보아야 한다. 어느 한 면만 보아서는 안 된다.

식민지근대화라는 트라우마?

쌀 수출론을 비롯해, 일제가 식민 지배를 통해 한국을 수탈하기는커녕 오히려 발전시켰다고 보는 견해가 이른바 식민지근대화론이다. 한 걸음 더 나아가 그때의 발전이 토대가 되어 1960년대 이후의 고도성장이 가능해졌다고 주장한다. 절대다수 한국인들에게 이런 주장은 분노를 자아낸다. 간혹 일제시기를 경험한 노년 세대 중 일부가 "'왜놈'들이 일은 잘했다"고 사석에서 말하는 경우가 있을지언정, 공론의 영역에서 이런 주장을 내세우는 간 큰 사람은 오랫동안 없었다.

해외 한국학 연구자 중 저명한 인물인 브루스 커밍스(Bruce Cummings)의 말처럼, 한국인은 일본에 대해 오랫동안 우월하거나 최소한 동등한 수준에 있다고 여겼다. 그런 일본에게 식민 통치를 당했다는 사실은 한국인에게는 수치스러운 역사이자 지워버리고 싶은 트라우마다. 한국인은 긴 역사 동안 한반도로부터 문명을 전수받은 일본이 '배은망덕하게도' 한국을 침략했을 뿐 아니라 철저히 수탈하고 억압했다고 믿어왔다. 그런데 그 배은망덕한 일제가 수탈과 억압은커녕 경제 발전의 은인 노릇을 했다는 주장은 한국인으로서는 절대로 받아들일 수 없는 것이다.

이 금기가 공공연한 도전의 대상이 된 지 이제 오래다. 그것도 그 나름 풍부한 실증 데이터와 세련된 방법론으로 무장한 식민지근대화론이라는 학문 패러다임으로 등장했다. 처음에 식민지근대화론은 일제시기를 중심으로 한 경제사 연구에서 출발했지만, 오늘날에는 시대적으로는 19세기 이전부터 해방 이후까지를 포괄하고, 경제사를 넘어서 사회사·문화사·정치사 등으로 그 영역을 넓혀나가고 있다. 그 결과 좁은 의미의 식민지근대화론은 일제시기에 대한 특정한 경제사 연구 경향을 가리키지만, 넓은 의미의 식민지근대화론 패러다임은 다음 세 가지 주장을 뼈대로 삼은 다양한 주장들의 복합체를 가리키게 되었다.

첫째, 적어도 19세기 이후 조선은 내재적 발전은 고사하고 체제 수준의 위기로 인해 돌이킬 수 없는 붕괴의 길을 걷고 있었다. 조선은 일제의 침략이 아니더라도 망할 운명이었다. 즉, 19세기 위기론. 둘째, 일제시기에 일제의 주도 아래 농업의 생산성 증대와 급속한 공업화를 포함하여 사회·문화 전반에 걸쳐 광범위한 근대화가 이루어졌다. 즉, 식민지근대화론. 셋째, 일제 식민 지배의 유산들, 즉 물질적 인프라, 법적·제도적 기반, 인적자원 등이 해방 이후, 특히 1960년대 이후 고도 경제성장을 뒷받침하는 토대가 되었다. 즉, 고도성장의 식민지기원론. 여기서 이 거대한 주장들을 자세히 검토할 여유는 없지만, 그래도 기본적인 것들은 확인하자.

식민지근대화론: 일제시기에 근대적 경제성장이 일어났다?

협의의 식민지근대화론이 내세우는 주장을 핵심만 요약하면 이렇다. 첫째, 일제시기 동안 한반도의 경제는 전체적으로 연평균 3% 후반의 성장률을 달성했는데, 이는 동기간 세계 최고 수준의 경제성장률에 속한다. 둘째, 흔히 조선 농민의 토지를 수탈하기 위한 작업이었다고 비판받아온 토지조사사업(1911~1918)의 경우에도 불법적인 토지 수탈은 거의 없었고 광대한 국유지, 즉 총독부 소유지 창출도 없었다. 오히려 근대적 등기제도를 도입한 일은 '한 가지 물건(토지)에는 한 명의 주인만 인정한다'는 일물일주一物一主 원리를 확립한 것으로서 매우 중요한 발전이었다. 소유관계가 복잡한 전근대적 토지제도를 혁파하고 사유재산권이 보장되는 근대적 토지제도를 창출한 것이다. 그 결과 토지의 상품화가 촉진됐으며, 농업경영에서 축적된 자본의 산업자본 전환을 용이하게 만들어 자본주의 발전에 기여했다. 셋째, 어떤 서구 제국주의국가들과도 다르게 일본은 철도·도로·학교·병원 등 식민지의 사회경제적 인프라 확충에 과감히 투자했다. 넷째, 식민지라는 엄연한 현실상 일본인과 조선인 사이의 민족 간 소득 격차가 확대된 것은 사실이나, 전체 파이가 워낙 빨리 커졌기 때문에 조선인도 성장의 혜택을 입어서 전체적으로 소득수준이 높아지고 생활수준도 향상되었다. 다섯째, 조선인들 중 일부는 이 기회를 이용하여 근대적 지식과 기술을 익혔고, 기업 경영, 국가 관리의 경험을 체득했다. 여섯째, 이 경험이 해방 이후, 특히 1960년대 이후의 고도성장 과정에서 핵심적 토대로 작용했다.

낙성대경제연구소를 중심으로 식민지근대화론을 주도해온 연구자들은 이런 주장들에 기반하여 일제시기 동안 이른바 '근대적 경제성장'이 일어났다고 주장한다. 근대적 경제성장이란 미국 경제학자 사이먼 쿠즈네츠(Simon Kuznets)가 제시한 용어로서, 적어도 30~40년의 장기간에 걸쳐 1인당 생산의 성장과 인구 성장이 동시에 지속적으로 일어나는 현상을 가리킨다. 요컨대 생산성과 인구가 동시에 장기간 성장하는 현상이다. 저서 『근대적 경제성장(Modern Economic Growth: Rate, Structure, and Spread)』에서 쿠즈네츠는 다른 시대와 구별되는 통일적인 특징을 지닌 상대적으로 긴 기간(예컨대 100년 이상의 기간)을 '경제적 시대'라고 부른다. 그리고 과학에 기초한 기술의 확산을 특징으로 하는 지난 250

년간의 경제적 시대를 묘사하기 위해 이 '근대적 경제성장'이라는 개념을 제시한다.

근대적 경제성장이 왜 그렇게 중요한 현상일까? 경제적 관점에서 전근대와 근대를 가르는 분기점이 되는 현상이기 때문이다. 극복할 수 없는 숙명처럼 보였던 '맬서스의 덫'을 극복했음을 보여주는 현상이기도 하다. 맬서스의 덫이란 무엇인가? 전근대 사회에서도 인구 성장과 1인당 생산의 성장 자체는 얼마든지 일어날 수 있다. 두 현상이 동시에 일어날 수도 있다. 하지만 두 현상이 장기간에 걸쳐 동시에 일어날 수는 없다. 왜 그럴까? 두 현상이 동시에 일어난다는 말은 인구 증가의 속도보다 생산성 증가의 속도가 더 빠르다는 말이다. 전통적인 농업경제에서 생산성이 인구 증가 속도보다 꾸준히 더 빨리 증가할 수 있을까? 불가능하다. 오히려 반대 현상이 일어난다. 생산성이 증가하면 생활수준이 높아지고 인구가 늘어나게 된다. 농업 기반 경제의 한정된 토지자원으로는 늘어난 인구를 계속 부양할 수 없다. 결국 생활수준은 다시 악화되고 인구도 다시 줄어든다. 숙명의 덫이다.

인구가 증가하면서 동시에 1인당 생산이 인구 증가 속도보다 더 빨리 증가하는 현상이 30~40년 이상 진행되려면 산업혁명과 농업혁명이라는 생산기술상의 혁신적 발전이 불가결하다. 이런 점에서 한 사회의 경제가 근대화되었는가, 그렇지 않은가 여부를 가리려면 30~40년 이상 장기적으로 인구 증가와 1인당 생산의 증가가 동시에 실현되었는지를 따져보면 된다는 것이다.

20세기 초에는 의학의 발달, 특히 전염병 등 감염성 질환에 대한 예방과 치료술의 발전, 영아 사망률의 감소, 화학비료 사용에 의한 농업 생산량 증가 등에 따라 거의 모든 나라, 지역에서 인구가 꾸준히 증가했다. 따라서 인구의 장기간 성장이라는 첫 번째 조건은 식민지 조선에서도 여지없이 관찰된다. 일제시기의 정확한 인구성장률은 여전히 논란거리인데, 이는 근대적 의미의 센서스, 당시 명칭으로는 국세國勢조사가 1930년에야 처음 실시되었기 때문이다. 정확한 인구성장률 수치는 논쟁의 소재가 되기도 하지만, 일제시기에 인구가 크게 늘어났다는 사실에 대해서는 이견이 없다. 식민지근대화론자들이 함께 쓴 『한국의 경제성장: 1910~1945』에서는 이 기간의 인구성장률이 연평균 1.33%였다고 추계한다.

따라서 이제 1인당 생산, 현대적 개념으로는 1인당 GDP가 지속적으로 성장했다는 조건만 충족하면 일제시기에 근대적 경제성장이 발생한 것이 된다. 즉, 식민지근대화론을 이론적 실증적으로 완성하는 방법은 일제시기의 '지속적 성장'을 입증하는 것이다. 이들은 조선총독부가 매년 발간한 기초 통계자료인 『조선총독부통계연보』에 나타난 매년의 인구, 생산액, 물가, 임금 등의 데이터를 수정, 보완하여 1911~1940년의 30년 동안 연평균 3.7%의 경제성장률을 보였다고 주장한다. 연평균 1.33%의 인구성장률을 감안하면 1인당 실질소득은 연평균 2.37% 증가한 것으로 추계된다. 이 기간이 제1차 세계대전과 대공황이 끼어 있는 세계적인 저성장기였음을 감안하면, 30여 년에 걸쳐 식민지 조선은 세계에서 상당히 높은 성장률을 달성한 지역 중 하나라는 것이 이들의 주장이다.

식민지근대화론이 드러낸 한국 학계의 초상

식민지근대화론을 미친 소리로 치부하면 그만일 수도 있지만 실제로는 그렇게 만만한 주장이 아니다. 방법론도 탄탄하고 통계의 정확성을 기하기 위한 노력도 꽤 충실하기 때문이다. 게다가 이와 같은 주장은 한국이나 일본의 일부 우익 학자들만 내놓은 것도 아니다. 사실을 말하자면 일제가 식민지 조선의 공업화, 나아가 근대화를 추진했다는 주장은 1980년대 초부터 제삼자적 위치에 있던 서구 연구자들에게서 먼저 나왔다. 마크 R. 피티(Mark R. Peattie), 사무엘 파오-산 호(Samuel Pao-San Ho) 같은 학자들이 일제의 식민 지배가 지닌 개발주의적 측면에 일찍이 주목한 바 있다. 한국인에게 충격적일 수도 있는 것은 해외 한국 학계를 대표하는 '친한파의 거두' 브루스 커밍스도 그중 한 명이라는 사실이다. 그는 일제의 식민주의가 서구와 달리 식민지의 근대적 개발에 중점을 두었다는 점에서 '식민지 개발주의'라고 부를 만하다고 평가했다. 놀랍게도 국제학계에서 일제의 수탈 측면만을 강조하는 한국 역사학계의 주장은 냉철하지 못한 국수주의적 태도로 자주 평가되는 것이 현실이다.

어떻게 이런 일이 벌어질 수 있을까? 서구학계의 연구자라는 사람들도 알고 보면 결국 옛 제국주의국가 출신이고, 결국 그 시선에서 바라보기 때문은 아닐까? 그럴 가능성을 배제할 수 없다. 하지만 정말 그렇게 생각해도 좋을까? 우리만의 자위, 우리만의 음모론 속에서 세상을 외면하는 것은 아닐까? 이 학자들이 일제나 서구 제국주의를 찬미하는 우익은 아니다. 오히려 이들의 대부분은 비판에 앞장섰던 사람이다.

사실은 한국 학계 쪽에도 문제가 있었다고 보는 쪽이 솔직하지 않을까? 해방 이후 오랫동안 한국의 역사학계는 일제가 남긴 식민사관을 극복하는 데 집중해야 했다. 그것은 물론 꼭 필요한 과업이었다. 하지만 민족적 치욕의 치유 과정에서 역사 서술의 객관성이 적잖이 훼손된 것도 사실이다. 토지조사사업 당시에 일제가 조선인 토지의 40%를 수탈했다는 수십 년간의 교과서 서술 같은 것이 대표적인 사례. 실증적 근거가 박약한 이 주장은 식민지근대화론자들의 좋은 먹잇감이 되었다. 2장 앞머리의 쌀 수탈에 대한 이미지 역시 마찬가지다.

이런 한국 학계의 박약함을 보여주는 가장 좋은 사례는 역설적이게도 식민지근대화론을 이끈 대표 학자인 안병직 서울대 명예교수 자신이다. 학계에서는 잘 알려진 사실이지만 그는 원래 열렬한 좌파 민족주의 학자였다. 식민지 조선이 자본주의적 공업화는커녕 일제의 수탈에 의해 여전히 반봉건사회에 머물러 있었다고 강력하게 주장하던 인물이다. 심지어 1980년대 중반까지도 한국은 변함없이 식민지반봉건사회에 머물러 있다고 강변했다. 한국이 미국의 식민지인 한 자본주의적 근대화는 절대 불가능하다는 완강한 신념 탓이었다. 오래전 세계자본주의 체제에 편입되어 고도성장하고 있던 한국 경제가 여전히 식민지반봉건사회 수준에 머물러 있다는 주장은 일부 민족해방(NL)운동 진영을 제외하면 사회운동권 내에서조차 시대착오적이라고 비판받던 시절이었다. 식민지근대화론의 주장자들은 그 정도로 과도한 민족주의자였다. 그렇게 허술한 이념적 주장이 현실 앞에서 하염없이 무너지자

이번에는 반대편 극단으로 달려갔던 것이다.

1980년대 후반에서 1990년대 초·중반까지 '수탈과 개발론' 또는 '식민지공업화론'이라는 이름으로 처음 등장했을 때, 경제사 연구자들의 문제의식에는 완고한 민족주의 사관이 낳은 편향을 극복해야 한다는 진지함이 있었다. 공업화라는 사실은 사실대로 인정하고 연구해야 한다는 그 나름의 치열함이 있었다. 개발과 수탈이라는 양면을 총체적으로 보아야 한다는 학문적 진전의 목표가 있었다. 그래서 당시 연구자들은 식민지근대화론이라는 비판자들의 경멸스런 명명을 한사코 거부했다. 이들의 노력 덕분에 한국 학계의 논의 수준은 한 단계 도약했다.

그들 중 일부는 이 멸칭을 오히려 자랑스럽게 받아들였다. 나아가 주관적 신념을 최대한 배제한 통계적 실증적 접근의 추구라는 자기반성마저 배반했다. 그리하여 일부 식민지근대화론자들은 뉴라이트운동의 선봉에 선 사실상의 우익 정치운동에 합류하게 되었다.

식민지근대화론에 대한 비판

식민지근대화론에는 어떤 실증상의 문제가 있을까? 굵직한 쟁점만 살펴보자. 초기에 식민지공업화론 연구를 선도했지만 식민지근대화론에 대해서는 심도 깊게 비판해온 경제학자 허수열의 주장에 주로 기초한다. 첫째, 일제가 남긴 공식 통계를 얼마나 믿을 수 있는가? 둘째, 식민지근대화론자들이 다루지 않는 1941~1945년 기간을 어떻게 이해할 것인가? 셋째, 과연 일제시기 동안 근대적 경제성장이 일어났는가?

첫째, 일제의 통계, 특히 1910년대 통계의 신뢰성 문제다. 이게 왜 중요할까? 만약 식민 지배 초기인 1910년대의 통계 수치가 부정확하고 실제보다 낮다면, 결과적으로 일제시기 전체의 성장률이 과대평가되기 때문이다. 이 문제는 이 시기를 연구하는 이들에게는 잘 알려져 있다. 1910년대 조선총독부의 통계는 그대로 믿고 쓰기 어렵다. 이 문제를 가장 잘 알고 있던 건 바로 조선총독부였다. 자기들이 만든 통계라 그 부실함도 잘 알고 있었던 것. 총독부가 일부러 조선의 경제 수준을 축소 평가했던 건 아니다. 통치 초기라서 실상을 파악하는 행정력 자체가 부실했던 것이다.

대표적으로 『조선총독부통계연보』(이하 『통계연보』로 약칭)의 경지면적 추이가 있다. 『통계연보』에 따르면 1910년에서 1918년 사이에 경지면적이 무려 76% 증가했다. 그리고 1919년 이후에는 거의 증가하지 않는다. 한 나라의 농지가 10년도 안 되는 기간에 76%나 늘어날 수 있을까? 기적이 아니고서는 있을 수 없는 일이다. 왜 이런 통계가 나올까? 답은 간단하다. 처음에는 경지면적을 제대로 파악하지 못하다가 토지조사사업의 진행에 따라 파악된 면적이 커진 것이다. 연구자라면 모두 아는 사실이다. 농업 사회의 통계에서 경지면적은 기본 중의 기본이다. 그조차 저렇게 부실했다면 다른 통계들은 어땠을까? 총독부 스스로 부실함을 인정하고 해결책을 강구했다. 토지조사사업 완결 후에 발행한 『통계연보』 1918년판(1920년 간행)과 1919년판(1921년 간행)에서 두 차례에 걸쳐 1910년대의 통계를 수정 보완했다. 하지만 가장 기본이 되는 경지면적의 수정조차 충분히 이루어지지 않았다. 토지생산성의 증가를 의미하는 단보당 생산량 증가율 또한 1910년대가 이후보다 훨씬 높은 것으로 되어 있다. 이런 수치들이 매우 많다. 모두 식민 지배 초기인 1910년대의 통계 파악 능력이 부족했던 탓이다.

둘째, 식민지근대화론자들이 추계에서 제외하는 1941~1945년을 어떻게 평가할 것인가? 『통계연보』는 1942년판(1944년 발행)이 마지막이지만, 식민지근대화론자들은 1940년 통계까지만 활용해서 추계한다. 이 시기에 대해서는 인구와 경제에 관한 장기 통계 연구로 널리 알려진 영국 경제학자 앵거스 매디슨(Angus Maddison)의 추계가 있다. 그는 일제시기 조선의 1인당 GDP가 (1990년 달러 구매력 환산 기준으로) 1911년에 777달러에서 1938년에 1,482달러로 정점에 도달했다가, 1945년에 (남한 기준) 616달러로 추락했다고 추계한다. 1945년의 소득이 1911년보다 낮다고 보는 이 추정치를 통해 우리는 전쟁 기간의 고통과 퇴보를 짐작할 수 있다. 필설로 표현하기 힘든 엄혹한 간난의 시기였다.

식민지근대화론자들은 이 기간에 대해 언급하지 않는다. 『한국의 경제성장: 1910~1945』에서 차명수는 매디슨의 저 추계를 사용할 수 없다면서 "1941~52년에는 해방뿐 아니라 남북분단, 한국전쟁과 같은 커다란 정치적 충격이 발생했고 …… 이 기간 동안의 1인당 생산을 추계할 수 없"다고 말한다. 하지만 통계가 없다고 삶도 없었던 건 아니다. 식민 통치 덕분에 경제가 발전했다면서, 식민 통치 때문에 끌려 들어간 전쟁과 분단 같은 정치적 고통을 제외해서는 안 된다. 이 5년의 고통과 붕괴도 포함해서 일제시기를 평가해야 한다.

셋째, 일제시기 동안 과연 근대적 경제성장이 일어났는가? 앞에서 살펴보았듯이 식민지근대화론자들은 1911년에서 1940년까지 30년 동안 식민지 조선의 인구와 1인당 생산이 꾸준히 늘었다고 본다. 쿠즈네츠가 말하는 '근대적 경제성장'이 이 시기에 일어났다는 것이다. 흥미로운 점은 이 기간 중에 인구와 1인당 생산이 동시에 해마다 연속적으로 증가한 것은 1911~1918년, 1932~1937년 사이뿐이라는 것이다. 그런데 앞에서 본 것처럼 1910년대의 통계는 신뢰도가 낮다. 결국 이 두 현상의 동시 성장에 부합하는 기간은 1932~1937년뿐이다. 적어도 30~40년 이상 동안 꾸준히 인구와 1인당 생산이 동시에 증가할 때 근대적 경제성장이라고 보는 쿠즈네츠의 기준에는 꽤 부족하다.

식민지근대화론자들은 나아가 일제시기의 발전이 1960년대 이후 고도성장의 기반이 되었다고 주장하는데, 정말 그럴까? 물적자원과 인적자원, 그리고 법·제도의 세 측면에서 살펴보자. 먼저, 물적자원의 측면에서 보면 식민지 공업화는 북한 지역에 집중됐다. 일본질소비료주식회사가 총독부의 후원 아래 세운 거대한 산업도시는 함경남도 흥남이었다. 오노다 시멘트의 평양 교외 승호리 공장을 포함하여 다섯 곳의 시멘트 공장도 북한에 있었다. 1942년에 지은 남한의 삼척 공장은 제대로 가동되지도 못했다. 해방 시점에 한반도 전체 발전량의 88.5%가 북한 지역에서 나왔다. 그나마 있던 남한 지역의 공업 시설은 90% 정도가 한국전쟁 때 파괴됐다. 남한은 일제시기로부터 물려받은 물적자원이 거의 없다.

인적자원은 어떨까? 해방 후 지배엘리트가 오랫동안 일제시기에 교육받은 인물들이었음은 두말할 나위도 없다. 박정희도, 고위 관료들도, 대학교수들도 마찬가지였다. 일제의 영향을 부정하기 어렵다. 다만 군국주의 시절의 낡은 지식으로는 미국식 자유주의 경제체제에 부응하기 어려웠다. 관료와 교수 중에서 선발된 핵심 인물들이 미네소타(Minnesota)대학, 피바디(Peabody)대학, 시라큐스(Syracuse)대학 등에서 미국식으로 재교육을 받았다. 교육제도와 내용도 상당 부분 미국식으로 개조됐다. 일제의 영향과 미국의 영향을 상대평가하는 것은 계속 탐구되어야 할 과제다.

법과 제도의 영향은 더욱 단언하기 어렵다. 우선 그 영역이 너무나 방대하고, 일제시기로부터 내려온 영향력이 있다고 해도 경제성장과의 긍정적·부정적 인과관계를 증명하기가 매우 어렵다. 한 가지 사례만 살펴보자. 법률 중에서도 압도적으로 방대하고 일상생활에 가장 큰 영향을 미치는 것이 민법이다. 한국의 민법은 일제의 잔재가 많이 남아 있는 것으로 잘 알려져 있다. 2005년에 폐지된 호주제가 대표적이다. 호주제 폐지론이 나올 때마다 유림에서 전통의 수호를 명분으로 반대했지만, 사실 민법상의 호주제는 유교 전통보다는 메이지시대에 만들어진 일본식 호주제에 더 가까웠다. 그렇다고 해도 민법의 성격을 한마디로 단정짓기는 매우 어렵다. 1957년 제정된 민법의 근저에 일본 민법의 영향이 광범위하게 존재하는 것은 사실이지만, 그 외에도 독일, 대만(당시는 자유중국) 등 외국의 사례도 많이 참조한 것으로 알려져 있다. 또 법률 조항과는 별개로 판결에서 판례 참조 등의 측면에서는 오랫동안 일본을 기준으로 삼았다고 알려져 있다. 법이 미친 영향을 평가하기가 매우 어려운 이유다. 말하기 어려운 부분에 대해서는 신중할 수밖에 없다.

농지개혁 없이 근대화가 가능했을까?

해방 당시 한반도 인구의 80% 가까이가 농민이었다. 이 가운데 또 80% 정도가 소작농과 자소작농이었다. 전체 농지의 65%는 소작지였다. 가혹한 소작료 탓에 인구의 절대다수인 농민들은 빈곤의 악순환을 겪고 있었다. 식민지근대화론자들이 주장하는 근대적 현상이 나타났다고 해도, 인구 절대다수가 소작농인 상태에서 전반적인 근대화가 가능했을까? 불가능했을 것이다. 농지개혁이 절실했던 이유다. 지금껏 농지개혁을 완수하지 못한 채 극심한 불평등과 정치적 혼란이 반복되는 제3세계 여러 나라들을 보면 농지개혁이 얼마나 중요한지 알 수 있다. 지주계급은 어디서나 산업화에 반대하는 기득권 세력을 대표한다. 지주계급을 붕괴시키지 않는 한 본격적인 산업화는 불가능하다. 이런 면에서 정치적 해방 없는 식민지근대화의 미래는 뻔하다. 지주를 핵심 지지 세력으로 삼고 지주 경영을 뒷받침하던 식민지 체제에서 농지개혁은 언감생심, 불가능한 일이었던 것이다.

바로 그랬기 때문에 모든 독립운동 세력은 농지개혁을 약속했다. 해방이 됐을 때 농지개혁은 아무도 부정할 수 없는 절대적 개혁 과제였다. 그저 일본인 지주를 조선인 지주로 바꾸는 것이 해방이라고 생각하는 사람은 없었다. 해방은 내 삶의 처지가 근본적으로 바뀌는 일이 되어야 했다. 농지개혁은 절대다수 민중의 열망이었다. 더욱이 1946년 3월 북한에서 무상몰수 무상분배의 농지개혁이 실시되자 더 이상 미룰 수 없는 절체절명의 과제가 되었다.

미국의 입장은 어땠을까? 당초에는 농지개혁에 미온적이었다. 그러나 중국의 국공내전에서 국민당의 패배와 공산당의 승리가 분명해지고, 남한과 일본에서 좌익에 대한 지지가 높아지자 동아시아에서 농지개혁이 불가피하다고 생각을 바꾸게 됐다. 여기에 큰 역할을 한 사람이 러시아혁명 후 미국으로 망명한 농업경제학자 울프 라데진스키(Wolf Ladejinsky)다. 그는 사회주의혁명을 막으려면 농민에게 농지를 주는 것이 필수적이라며 미국 국무성을 움직였다. 국무성은 그를 일본으로 파견해서 맥아더를 설득하게 했다. 일본에서 농지개혁이 적극적으로 추진된 계기다. 남한의 미군정도 태도를 바꿔 농지개혁에 나섰다. 한국, 일본, 대만은 모두 이 시기 전후에 5인 가족 기준 농가 1호당 3정보(9,000평)를 토지 소유 상한선으로 한 농지개혁을 실시한다. 미국의 동아시아 전략이 반영된 것이다.

물론 한국인의 의사나 노력과 무관하게 농지개혁이 추진된 것은 아니다. 미군정으로 하여금 농지개혁에 나서게 만든 궁극적 힘은 결국 남한 농민의 열망이었다. 미군정은 정부 수립 전 임시입법을 위해 설치한 남조선과도입법의원을 통해 농지개혁을 추진했다. 문제는 과도입법의원 내 다수당이 친일 지주 세력이 뭉친 한국민주당이었다는 점이다. 한민당, 그리고 한민당과 결탁한 이승만은 농지개혁이 정부 수립

이후에 추진할 과제라며 집요하게 반대했다. 그러자 미군정은 우회로를 선택했다. 자신들이 관장하던 일본인 귀속농지에 대해 선제적으로 농지개혁을 실시한 것이다. 1948년 3월의 이 조치로 농가 1호당 2정보(6,000평) 정도의 농지를 분배받았다. 1년 생산액의 20%를 15년간 내면 자기 소유가 됐다. 이에 따라 전체 농가 중 24%가 농지를 분배받았다. 아마 이 개혁은 1946년 북한의 농지개혁보다 더 큰 충격이었을 것이다. 일본인 지주의 땅을 부치던 동네 이웃이 자기 땅을 갖게 된 것이다. 사람들이 잠자코 있었을 리 없다.

한민당과 동맹하고 있던 초대 대통령 이승만은 지지 기반을 다지기 위해 한민당과 결별하고 농지개혁을 추진하기로 마음을 바꿔먹었다. 주무장관인 농림부 장관에 사회민주주의자 조봉암을 임명하고 농지개혁을 맡겼다. 물론 이승만은 농지개혁이 철저히 실행되지 못하도록 방해하기도 했다. 개혁은 다양한 세력의 이해관계가 복잡하게 얽힌 고차방정식이었다. 그래도 조봉암의 주도로 우여곡절 끝에 1949년 4월 농지개혁법이 입법됐다. 다음 해인 1950년 2월의 개정을 거쳐 한국전쟁 직전부터 개혁이 실행됐다. 농가 아닌 자, 즉 부재지주의 농지, 자경하지 않는 농지, 3정보 초과분의 농지를 유상몰수하여 농민에게 유상분배했다.

농민이 지불해야 할 지가는 해당 농지 주 생산물의 평년작 1.5배였다. 이를 5년간 현물로 균분상환하는 것이어서 연 수확물의 30%를 5년간 상환하면 자기 땅이 되는 셈이었다. 미군정의 농지개혁보다 훨씬 좋은 조건이었다. 수확물의 50% 이상을 소작료로 바쳐도 영원히 지주의 땅이던 시절을 생각해보면 천지개벽 같은 일이 벌어진 것이다. 지주에 대한 지가 보상은 주 생산물의 평년작 3배로 하고 5년 동안 현금 균분상환하기로 했다. 다만 지주가 할인의 방법으로 현금화를 통해 공업에 투자할 수 있도록 지가증권을 발행하여 지급했다.

남한의 농지개혁은 오랫동안 폄하되어왔다. 근거 없는 평가는 아니다. 전쟁으로 인한 혼란, 지주들의 저항, 불법, 은폐 등으로 전체 소작지의 42.4%만 분배됐기 때문이다. 나머지 소작지는 지주가 농지개혁 이전에 농민에게 강매했다. 그런데 연구가 진전되면서 지주의 사전 강매가 대부분 농지개혁법의 조건대로 이루어졌다는 사실이 밝혀졌다. 은폐된 농지의 90% 이상이 지주와 소작농 사이의 협상을 통해 자작지화되었다. 농민들은 어느 쪽이나 별 차이가 없었지만, 지주 쪽은 이 방법을 훨씬 선호했다. 막 출범한 가난한 정부였다. 지주들은 지가증권을 잘 믿지 않았다. 동리 내에서 잘 아는 농민들에게 현물로 받는 게 훨씬 안전하다고 여겼다. 실제로 지가증권은 시장에서 액면가의 절반으로 거래되는 수준이었다.

한국전쟁의 영향도 컸다. 전쟁은 거대한 비극이었지만 농지개혁의 성과라는 면에서는 뜻하지 않게 긍정적 결과를 낳았다. 우선 지주들은 지가증권 할인으로 얻은 현금 중 상당액을 전쟁 중의 다급한 소비로 소모했다. 게다가 전쟁 동안 인플레이션이 1,900%에 달했다. 지가증권의 가치는 극적으로 하락해서 거의 종잇조각이 됐다. 많은 지주들은 재구매 금지 기간이 끝나기만 하면 농지를 되사서 다시 지주가 되기를 꿈꿨다. 지주가 최고 신분이던 시절이니 당연한 욕망이었다. 전쟁 중

상환증서와 지가증권　1950년 3월 10일 농지개혁법이 공포되었다. 이에 따라 농민이 상환해야 할 보상액의 평가는 해당 농지 주 생산물의 평년작 1.5배로 정해졌고, 지주에 대한 지가보상은 5년간 균분상환으로 하되, 지주가 기업에 투자할 수 있도록 지가증권을 발급하였다. (출처: 대한민국역사박물관 근현대사 아카이브)

의 하이퍼 인플레이션으로 지주의 농지 재구매 여력은 신기루처럼 사라졌다. 계급으로서 지주도 몰락했다. 1960년대 이후 본격적인 산업화가 추진됐을 때 훼방을 놓는 지주 세력이 없었던 이유다.

1945년 말 총 경지면적의 34%에 불과했던 자작지의 비중이 농지개혁 실시 직후인 1951년 말에는 무려 96%로 급등했다. 농지개혁이 비교적 성공적이었다고 평가되는 일본의 경우도 개혁 후의 자작지 비율은 90% 정도였다. 한국의 농지개혁은 지주제 해체와 자작농 체제 성립이라는 측면에서 매우 성공적이었다. 이로써 한국은 세계 최고 수준의 농지 소유 균등성을 실현한 소농의 나라로 변신했다. 이 엄청난 개혁이 한국 사회에 심대한 변화를 불러일으켰다.

일제시기인 1920~1939년과 농지개혁 이후인 1953~1969년 사이를 놓고 비교해보자. 농업 생산의 연평균 성장률(부가가치 기준)은 일제시기 1.38%에서 농지개혁 후 4.27%로 급상승했다. 농업생산성의 연평균 증가율도 0.94%에서 2.76%로 크게 상승했다. 이 시기에 한국은 마침내 보릿고개를 넘었다. 대학교와 대학생 수도 1945~1960년 사이에 19개 대학 7,819명에서 63개 대학 97,819명으로 급증했다. 그 배경에는 농지개혁을 통해 자작농이 된 농민의 소득수준 향상과 교육열이 있었다. 소 팔아 대학 보낸다는 '우골탑'이라는 말도 이때 나왔다. 이 말은 농민의 처지가 여전히 어렵다는 사실을 보여주지만, 어려운 살림에 무리해서라도 자녀를 대학에 보내는 농민층이 등장했다는 사실도 보여준다. 이렇게 급증한 대학생 집단이 4·19혁명을 일으켰고, 경제 개발 초기에 중요한 역할을 수행했던 것이다.

먼저 파이부터 키우자는 주장

식민지근대화론자들의 주장이 매우 이단적으로 들리겠지만, 민족주의적 분노를 조금 가라앉히고 보면 그 논리는 그리 낯설지 않다. 이들은 일제시기 일본인과 조선인 사이에 소득 격차를 포함한 불평등이 확대되고 있었다는 점을 부정하지 않는다. 다만 이런 현상이 식민지라서 일어난 민족 차별의 결과가 아니라 산업화와 경제성장 초기에 보편적으로 나타나는 불평등 확대라고 이해한다. 성장의 과실이 소수에게 집중되면서 불평등이 심화되지만, 경제성장이 충분히 진전되면 불평등이 줄어들면서 과실이 골고루 분배된다고 말한다.

파이를 키우려면 당장의 불평등 확대는 감수해야 한다는 생각이 드물지 않다. 보수주의자는 물론이고 진보주의자 가운데 이렇게 생각하는 이들도 적지 않다. 이른바 현실주의 진보다. 이런 믿음의 확산에도 쿠즈네츠의 역할이 컸다. 장기간의 실증 데이터를 통해 이런 주장을 '사실'이라고 입증한 사람이 바로 그였다. 1913년부터 1948년까지 35년간의 통계를 통해 미국의 소득불평등 추세를 측정했더니 불평등이 급속하게 감소했다. 상위 10%가 연간 국민소득 중 차지하는 몫이 이 시기 동안 45~50%에서 30~35%로 급감했다. 19세기 자본주의의 악명 높은 빈익빈 부익부는 옛말이 되었다.

쿠즈네츠는 이 발견을 일반화하여 ∩ 모양의 '벨 커브', 즉 쿠즈네츠 곡선 이론을 제시했다. 산업화 초기 국면에는 단지 소수만이 산업화가 가져다주는 새로운 부의 수혜자가 될 준비가 되어 있기 때문에 불평등이 커진다. 즉, 곡선이 상승한다. 하지만 발전이 더 진전될수록 더 많은 사람이 경제성장의 과실을 나눠 가지게 되면서 불평등은 자동적으로 줄어든다. 그리고 곡선은 하강한다. 가운데가 볼록한 ∩ 형태의 쿠즈네츠 곡선이다. 산업화 초기의 불평등 확대는 착취나 수탈 때문이 아니고 자연스런 현상이다. 불평등은 저절로 줄어들기 때문에 그저 기다리기만 하면 된다. 쿠즈네츠 곡선은 강력한 정치적 무기가 되었다. 그가 스스로 밝히듯 불평등이 극심한 저개발국들이 "자유세계의 궤도를 벗어나지 않도록" 잡아두려는 의도도 있었다. 불평등과 양극화 비판에 맞서는 무기도 됐다. 경제학자 로버트 솔로(Robert M. Solow)는 "성장은 모든 배를 띄우는 밀물"이라며 그의 주장을 뒷받침했다. 이제 그 논리는 식민지근대화론자들에게까지 활용되고 있다.

『21세기 자본(Capital in the Twenty-First Century)』이라는 저작으로 21세기 세계 경제학계를 강타한 프랑스 경제학자 토마 피케티(Thomas Piketty)가 힘써 비판하는 대상이 바로 이 쿠즈네츠 곡선이다. 쿠즈네츠 곡선 이론의 실증적 토대는 취약하며 많은 논거가 잘못됐다는 것이다. 피케티의 비판에는 자신감이 있다. 쿠즈네츠보다 훨씬 유리한 위치에서 실증 근거를 갖췄기 때문이다. 피케티는 미국, 영국, 프랑스, 독일 등 선진 자본주의국가들에 대해 길게는 200년 이상에 걸친 각종 통계들을 동원할 수 있었다. 과연 19세기 내내 선진 자본주의국가들은 성장과 함께 불평등이 확대되어 20세기 초에 불평등이 극대화됐다. 그리고 1914년에서 1945년 사이에 급속한 소득불평등 감소가 나타났다. 쿠즈네츠는 여기까지 보고 결론을 내렸다. 하지만 피케티는 그 다음도 확인할 수 있었다. 불평등은 1950년대 중반에 최저에 이른 다음 서서히 증가하다가 1980년대를 지나며 다시 급속히 확대되고 있다. 21세기 초가 되자 20세기 초의 정점에 거의 육박할 정도로 불평등이 확대되었다. 쿠즈네츠 곡선 이론은 틀렸다.

왜 이런 현상이 나타날까? 피케티에 따르면 산업화와 경제성장이 자동적으로 불평등을 교정해주지 않기 때문이다. 20세기 전반의 불평등 감소는 두 차례의 세계대전으로부터 야기된 강력한 경제적 정치적 충격에 기인했다. 20세기 중반의 장기간 평등 경향은 복지국가의 성장과 함께했다. 1980년대 이후의 불평등 확대는 영국의 마거릿 대처(Margaret Hilda Thatcher) 총리와 미국의 로널드 레이건(Ronald Wilson Reagan) 대통령이 이끈 신자유주의의 반격이 낳은 결과였다. 쿠즈네츠 곡선 같은 분배의 자연법칙은 없다. 정치가 결정한다. 다시 떠올려보자. 한반도 농민의 삶을 근본적으로 개선해준 것은 일본 대자본이 주도한 국소적인 공업화가 아니었다. 식민지공업화는 총생산을 늘렸을지언정 농민의 삶을 개선하지는 못했다. 농민의 처지가 개선된 것은 해방 이후의 농지개혁을 통해서였다. 정치가 결정한 것이다.

GDP 중심의 세계관을 넘어: 제헌헌법을 보라

식민지근대화론이 일제의 식민 지배를 무조건 찬양한다고 생각하면 곤란하다. 극우화된 일부의 비상식적 주장을 제외하고, 핵심적인 주장들은 객관적인 경제사 연구의 틀에 기반하고 있다. 최대한 데이터를 모으고 수량화하며, 그에 근거해서 주장을 펼친다. 숫자는 거짓말을 하지 않는다는 신념이다. 그리고 바로 그 때문에 문제적이다.

오늘날 경제에 관한 논쟁을 좌우하는 최종 근거는 GDP라는 숫자다. 나라들 간의 경쟁도, 정당들 간의 갈등도 이 숫자에 좌우된다. 식민지 근대화론도 1911~1940년까지 매년의 GDP를 추계함으로써 체계적인 주장으로 정립되었다. GDP 자체는 무미건조한 숫자에 불과하지만, GDP를 둘러싸고 벌어지는 말과 사건들은 늘 뜨겁고 격하다. GDP 자체는 중립적이고 객관적인 숫자처럼 보이지만, GDP를 둘러싼 담론의 지형은 중립적이지도 객관적이지도 않다. GDP는 클수록 좋다! GDP가 클수록 부자 나라이고, GDP 성장률이 높아야 선거에서 이긴다. 일제시기에 GDP가 저만큼 성장했으니 식민지근대화가 맞다는 주장도 마찬가지다.

막상 GDP라는 측정 도구를 창안한 쿠즈네츠 자신은 GDP를 통해 경제 발전의 수준이나 성장을 측정할 수 있다는 사고방식에 대해 처음부터 경고했다. GDP는 경제 현실의 극히 일부만 보여주는 제한된 수단에 불과하다는 것이다. GDP는 경제 현실 자체가 아니라 특정한 방법으로 가공된 추상적 개념이다. 그래서 미국의 경제·환경문제 전문가 리처드 하인버그(Richard Heinberg)는 "GDP를 잣대로 국가의 전반적 건강을 측정하려는 것은 음표의 개수로 음악의 가치를 평가하려는 것과 같다"고 비판하기도 했다. GDP라는 측정 도구는 왜 문제인가? 미국 민주당의 대통령 후보였던 로버트 케네디(Robert F. Kennedy)의 1968년

연설이 유명하다. GDP 대신 GNP를 쓰던 시절인 걸 고려하면서 읽자.

> 미국의 GNP는 연간 8,000억 달러가 넘는데, 여기에는 여러 가지가
> 포함됩니다. 대기오염, 담배 광고, 고속도로에서 시신을 수습하는 구
> 급차, 현관문에 다는 특수 자물쇠와 이 자물쇠를 부수는 사람을 가두
> 는 감옥, 미국 삼나무 벌목, 도시의 문어발 확장으로 인한 경이로운
> 자연의 유실, 네이팜탄, 핵탄두, 도시의 폭동을 진압하기 위한 경찰 장
> 갑차, 텍사스 저격수 휘트먼의 소총, 연쇄 살인마 스펙의 나이프, 아이
> 들에게 장난감을 팔려고 폭력을 조장하는 텔레비전 프로그램, 이것들
> 은 모두 GNP에 합산됩니다. 하지만 다음은 포함되지 않습니다. 아이
> 들의 건강, 교육의 질, 놀이의 즐거움, 시의 아름다움, 결혼의 힘, 대중
> 토론이 빚어내는 집단 지성, 공직자의 청렴, 재치와 용기, 지혜와 배
> 움, 공감과 애국심. 이것들은 하나도 GNP에 합산되지 않습니다. 한마
> 디로 GNP에는 삶을 살아갈 만하게 만드는 것들을 제외한 모든 것들
> 이 포함됩니다.

예를 들어 다른 조건이 같다는 전제 아래 서울 집중이 심해지고 집
값이 크게 오르면서 사람들이 경기도에서 출퇴근을 하게 되는 경우를
생각해보자. 출퇴근 거리가 멀어지면 시간도 많이 걸리고 건강에도 나
쁘고 교통비도 많이 든다. 그 와중에 국가에서 교통관리시스템을 부
실하게 관리한다면 교통사고가 늘어날 수도 있다. 매우 불행한 일이지
만 이 경우 GDP는 증가한다. 교통비도 늘고, 자동차 구입비와 수리비,

의료비도 증가하기 때문이다. 거꾸로 서울 집중을 막고 직장과 거주지 근접이 이뤄지면 몸도 덜 피곤하고 교통사고도 줄고 사람들이 차도 잘 안 바꾸고 의료비 지출도 줄어든다. GDP는 감소한다. GDP는 중립적이지 않다. 그것은 소득불평등도 따지지 않고, 노동자들이 얼마나 일하는지, 또 얼마나 많은 노동자가 산업재해로 죽어가는지도 상관하지 않는다. 오직 얼마나 생산되었는지, 그 부가가치만 따진다. 노벨경제학상 수상자 조지프 스티글리츠(Joseph E. Stiglitz)와 아마티야 센(Amartya Sen)은 프랑스 경제학자 장 폴 피투시(Jean-Paul Fitoussi)와 함께 펴낸 책 『GDP는 틀렸다(Mismeasuring Our Lives)』에서 이렇게 말한다.

> 계량 체계가 이론의 구성이나 가설의 검증, 그리고 우리의 신념까지 도 좌지우지할 수 있다. 사회과학자들은 GDP처럼 쉽게 접할 수 있는 수치들을 너무 당연한 듯 사용하는 경향이 있다. 결함이 있거나 편향된 통계는 우리를 그릇된 추론으로 인도한다. 이번 위기(2008년 금융위기)가 터지기 직전 유럽에서는 수년 동안 높은 GDP 성장률에 초점을 맞추면서 미국식 모델을 따라가야 한다고 주장했다. 만약 그들이 중위소득 같은 여타의 계량 방식에 중점을 두었거나 미국의 가계나 경제 전체가 안고 있는 부채의 급속한 증가를 감안해 GDP 성장률을 수정했다면—더불어 지속 가능하지 않은 위험률도 고려했다면—그릇된 열망이 다소 누그러들기라도 했을 것이다.

이들은 프랑스 정부가 설치한 위원회에서 공동 작업을 벌였는데, 주장의 핵심 요지는 생산보다 소득과 소비에 주목하고, 가계의 입장과 분배를 강조하며, 시장에서 측정되지 않는 비시장적 행위들로 측정의 범위를 넓히라는 것이다. 이럴 때만 경제적 복리가 제대로 측정될 수 있다는 것이다. 어느 것도 지금의 GDP로는 측정되지 않으며, 분배와 삶의 질에 더욱 관련되는 것들이다.

식민지근대화론의 본질적인 문제는 단지 식민 지배를 미화한다는 차원을 넘어선 곳에 있다. 분배와 삶의 질을 고려하지 않는 GDP 중심의 성장제일주의가 바로 그것이다. 먼저 파이를 키우는 게 중요하며, 그것을 위해서는 분배보다 기업과 부자의 이윤이 우선이라는 생각 말이다. 생각해보면 해방되고 정부를 수립할 때 민족의 합의 아래 단절하려던 태도가 바로 이런 것이었다. 좌익 정치 세력이 축출되고 김구의 한국독립당조차 참여를 거부한 제헌의회가 만든 제헌헌법을 살펴보자. 지금 우리의 눈높이가 얼마나 후퇴했는지 깨닫게 된다.

제헌헌법은 제5조에서 "대한민국은 정치, 경제, 사회, 문화의 모든 영역에 있어서 각인의 자유, 평등과 창의를 존중하고 보장하며 공공복리의 향상을 위하여 이를 보호하고 조정하는 의무를 진다"고 하여 자유민주주의는 물론 사회민주주의적 지향도 동시에 밝히고 있다. 제84조에서는 "대한민국의 경제 질서는 모든 국민에게 생활의 기본적 수요를 충족할 수 있게 하는 사회정의의 실현과 균형 있는 국민경제의 발전을 기함을 기본으로 삼는다. 각인의 경제상 자유는 이 한계 내에서 보장된다"고 하여 이러한 지향을 더욱 뚜렷이 밝혔다. 제18조는 유명한 이익균점권 조항이다. "영리를 목적으로 하는 사기업에 있어서는 근로자는 법률의 정하는 바에 의하여 이익의 분배에 균점할 권리가 있다"고 하여 사기업에서도 근로자가 이익을 균점할 권리가 있다고 명시했다. 제86조에서는 "농지는 농민에게 분배"한다고 명시하여 농지개혁을 헌법상의 원칙으로 밝혀놓았다. 제85조는 "광물, 기타 중요한 지하자원, 수산자원, 수력과 경제상 이용할 수 있는 자연력은 국유로 한다"고 밝혔고, 제87조는 "중요한 운수, 통신, 금융, 보험, 전기, 수리, 수도, 가스 및 공공성을 가진 기업은 국영 또는 공영으로 한다"고 규정했다. 이 모든 좌파적 조항들을 좌익이 축출된 제헌의회에서 만들었다.

다시 한번 독립이라는 게 무엇인지를 생각해보게 된다. 당대 사람들에게 독립은 그저 지배자를 일본인에서 조선인으로, 지주를 일본인에서 조선인으로 교체하는 것이 아니었다. 수탈이나 착취가 아니라 민족의 구성원들이 함께 잘사는 세상을 만들자는 데 독립의 참뜻이 있었다. 바로 그랬기에 좌익이 제거된 의회에서조차 저토록 공공의 이익, 공동의 삶을 지향하는 헌법이 만들어졌던 것이다.

나를 포함해서 현대의 평균적 한국인 중 몇 명쯤이나 저 정도로 생각할 수 있을까. 적폐 청산, 토착왜구 척결을 목소리 높여 외치는 이들 중에 저 비슷하게나마 총체적인 공공의 비전을 제시한 이들이 있는지 궁금하다. 목소리 높여 친일 청산 외치며 비판하기 좋은 악질 친일파의 죄상을 드러내는 일도 누군가에겐 필요할 것이다. 그러나 친일 청산으로 어떤 세상을 만들고 싶어했는지 오늘에 되새기는 일은 훨씬 더 중요하다. 역사가 현재진행형이라는 건 이런 의미일 것이다.

3장

실력을 쌓아서 좋은 일 하자는 말

"힘을 키워서 세상을 바꿔라"

"너희들이 그런다고 세상이 바뀌냐? 세상은 그렇게 만만하지 않아. 계란으로 바위 치기일 뿐이지. 그럴 시간에 차라리 공부해. 힘을 키워서 세상을 바꿔." 젊은 시절 어른들에게 귀에 못이 박히도록 들은 말이다. 청년 학생들이 짱돌 들고 화염병 던지던 무렵이니 1980년대의 이야기다.

어른 말을 지독하게 안 듣던 그 젊은이들이 1990년대가 되면서 변했다. 세상이 변한 탓이다. 부족하나마 그럭저럭 형식적 민주화가 진전되는 것 같았다. 혹시 대안이 될까 싶었던 사회주의국가들은 대부분 망해버렸다. 불평등에 시달리는 민중의 삶은 여전했지만, 청년 학생들 중에서도 잘나가는 명문대 출신들의 생각은 달라졌다. "힘을 키워서 세상을 바꾸라"는 어른들 말이 맞다는 생각도 드는 것이었다. 명문대 출신이니 마음만 바꿔먹으면 힘을 못 가질 것도 없었다. 거리에서 주

먹을 치켜들며 항쟁하고, 공장에서 노동자가 되겠다던 젊은이들이 갑자기 도서관으로 들어갔다. 운동권 서적 대신 법전과 시사 상식을 공부하며 고시와 언론사 시험 따위를 준비했다. 곧바로 정치에 뛰어든 이들도 있었다. 그리고 세월이 흘렀다. 그들 중 적지 않은 이들이 한국 사회의 엘리트가 되었다. 정말로 힘을 갖게 됐다. 그래서 세상이 바뀌었을까? 민중의 삶은 얼마나 나아졌을까? 궁금해진다.

불의한 힘, 거대한 권력과 맞서 싸우는 이들을 향해 타이르는 목소리가 있다. "힘을 키워라"는 실력양성론의 목소리다. 실력양성론은 모두를 향해 말을 걸지는 않는다. 실력을 쌓아 무언가를 할 수 있을 법한 사람들, 그러니까 엘리트에게 호소하는 논리다. 20세기 한국에서 실력양성론은 크게 두 번 메아리쳤다. 한 번은 군부독재가 무너지고 사회주의가 붕괴한 1990년대에, 또 한 번은 3·1운동이 끝나고 소위 '문화정치'가 시작된 1920년대에. 당연하지만 1920년대의 실력양성론이 원조다. 시절이 시절이니 만큼 그 비장함은 1990년대에 비길 바가 아니다. 진정성이 넘쳤다.

청년 학생들 중에서도 의대생이라면 엘리트 중의 엘리트다. 식민지 시절에는 더했다. 전문 직업이라고 할 만한 다른 직업이 별로 없었으니 의사의 위상은 독보적이었다. 게다가 의사는 권력에 굴종할 필요도 없고 병든 민족을 치료해주는 일을 하지 않는가? 실력양성의 길을 걷지 않을 이유가 있을까? 일제에 분노하며 거리를 달리고 독립운동에 참가하던 가슴 뜨거운 예비 의사, 젊은 의사 들이 강의실로, 실험실로 돌아간 이유다. 힘이 생기면 좋은 일을 하리라 다짐하면서.

그런데 '힘을 키워서 세상을 바꾼다'는 논리가 늘 간과하는 부분이 있다. 힘이 생긴다는 건 자신이 그 사회의 기득권이 된다는 말이기도 하다. 이미 기득권을 쥐고 있는 자신이 세상을 어떻게 바꾼다는 것일까? 자신의 기득권만 그대로 둔 채 세상을 바꾼다는 게 가능할까? 실력 양성론이 무조건 틀렸다고 말할 생각은 아니다. 이 어려운 질문에 답해야 한다는 말이다. 최소한 고민해야 한다는 말이다. 그런 고민이 없으면 실력양성론은 결국 엘리트의 변명이 될 뿐이다. 3·1운동과 독립운동에 참여했다가 의사로 돌아온 이들은 이 질문을 고민하게 해주는 좋은 사례다. 함께 그들의 삶 속으로 들어가보자.

식민지에서 의사로 산다는 것

경성의전
유일준 군, 백인제 군

유 군은 미생학의 교수, 백 군은 외과의 교수, 둘 다 박사, 둘 다 양행한 사람. 유 군은 미생물학계의 제일인, 백 군은 외과계의 노대가가 허하는 사람. 이 두 사람 통해서 학문적으로나 기술상으로 일본 사람들이 조선 사람을 감히 업수이 여기지 못한다면 더 말할 필요가 없는 일이다. 그러나 전례에 의하여 성격의 일단을 말하라면 …… 양 군이 다 인성적 절대의 신뢰를 받는다. 세상에서는 유 군이 임상으로 넘어왔다가 개업을 하느니 백 군이 오래지 않아 개업을 하느니 소문도 내고 그렇게 되기도 바라는 모양이나, 그것은 잘못 생각이다. 양 군은 이욕으로 흐를 사람이 아니요, 양 군의 신임은 제자의 수와 같이 연년이 늘고 있다. 기이하게 여기지 말라. 왕인이 백제시대에만 있으란 법이 어디 있는가.

잡지 『동광』의 1932년 1월호에 「의사비판기 (기2)」라는 제목으로 실린 기사 중 일부다. 1931년 12월호에 같은 제목의 기사로 첫째 편이 실렸고, 이 기사가 두 번째였다. 기사는 조선의 내로라하는 의사들에 대해 칭송과 비판을 겸하여 실명 비평을 하고 있다. 칭송으로 일관한 예가 드문데, 유일준과 백인제 두 의사에 대해서는 실력과 인성 모두 극찬을 아끼지 않는다.

글쓴이는 태허라는 필명을 쓰고 있다. 누굴까? 당시 경성의전 외과 학교실 조수로 재직 중이던 의사 유상규였다. 이해에 강사로 진급한다. 그의 평으로 보건대 유일준과 백인제는 조선 의료계에 희망이 되는 인물이었던 듯하다. 그들은 조선인도 교육만 제대로 받으면 얼마든지 일본인보다 더 뛰어난 능력을 발휘할 수 있음을 보여주는 증거였다. 실력 있는 의사라면 연구와 후학 양성에 전념하기보다 개업으로 이욕을 차리는 데 급급한 풍조였다. 유상규가 의사들의 실명을 거론하며 비판한 주된 이유였다. 두 사람은 그런 유혹에 흔들리지 않았던 모양이다.

위 글이 나온 지 몇 달 후인 그해 여름 8월 12일, 유일준은 한강에서

수영을 하다가 익사하고 만다. 만 37세의 나이, 아깝다고 하기에도 너무 젊은 나이였다. 이욕에 흐를 사람이 아닌 듯 보였던 백인제는 9년이 지난 1941년에 백외과의원을 개업하면서 학교를 떠난다. 유상규가 사람을 잘못 보았던 것일까? 그럴 수도 있지만 아닐 수도 있다. 무엇보다도 전시戰時 상황이었다. 연구 재료도 구할 수 없고, 조선인 의사들을 징용한다는 말도 나돌던 상황. 교수로서 꿈을 펼치기 어려웠다. 개업은 불가피한 선택이었을지도 모른다. 물론 인생에 일대 전환의 계기가 될 수도 있었다. 사실 백인제는 개업을 오랫동안 준비하고 있었다. 이 개업으로 조선 최고 명성의 외과의사 백인제는 막대한 부를 쌓아올린다.

유일준은 총독부의학강습소를 다니다가 강습소가 경성의전체제로 전환된 후 의전을 2기로 졸업했다. 유상규와 백인제는 그보다 한 기수 앞선 경성의전 1기 동기생이었다. 동기생인 이들의 학창 시절은 4학년 진급을 겨우 한 달 남겨놓았던 1919년 3월 1일의 운명적인 사건으로 격랑에 휩싸였다. 만세운동에 앞장섰던 백인제는 체포됐다가 열달 만에 출옥했다. 3년 동안 줄곧 수석을 놓치지 않았던 우등생이었지만, 몇 차례 복교 신청에도 허가가 나지 않다가 어렵사리 복교됐다. 졸업만 하면 지급되는 의사 면허가 수석 졸업자인 그에게만은 발급되지 않았다. 조선총독부의원에서 마취와 허드렛일을 하다가 2년 만에 겨우 면허를 받았다. 하지만 실력은 어디 가지 않는 법. 이후 능력을 인정받아 마침내 모교인 경성의전 교수가 되고 외과 주임교수 자리에까지 오른다. 백인제는 실력양성론의 길을 걸으면서 더는 직접적인 독립운동

조선총독부의원 대한제국 정부가 의정부 직속으로 세운 대한의원은 1908년 조선총독부의원
으로 개칭되고, 경성제국대학 의학부 부속병원, 서울대학교 의과대학 부속병원으로 맥을 이
어오다가 1978년 서울대학교병원설치법에 의해 특수법인 서울대학교병원으로 개편되었다.
이 건물은 지금까지도 남아 있다(서울시 종로구 연건동 소재). 백인제는 3·1운동 후 이 총독부의
원에서 허드렛일을 하다가 2년 만에 의사 면허를 획득했다.

에 참여하지 않았다. 그렇다고 해서 변절했다고 보기도 어렵다. 창씨
개명도 하지 않았고 시국 강연도 하지 않았다. 대신, 조선을 넘어 동아
시아에 자자했던 명성에 힘입어 짧은 개업 기간에 엄청난 부를 쌓아
올렸다. 그 부를 기반으로 미국 로체스터에서 본 메이요 클리닉(Mayo
Clinic) 같은 병원 설립의 꿈을 키워나갔다. 개업은 그 꿈으로 나아가는
첫걸음이었다. 태평양전쟁이 절정으로 치닫던 무렵이었다.

　유상규는 경성의전 만세운동을 주도한 인물 중 하나였다. 체포를 피
하고 재판도 받지 않은 탓에 관련 기록이 남아 있지 않지만, 경성의전

동기생 이의경의 자전적 소설에 사정이 자세하다.

> 어느 날 오후, 안과 강의가 끝나 강의실에서 나오다가 상규에게 붙들렸다. 그는 나지막한 소리로 내일 저녁 중요한 회담이 있는데 식당 남운헌南雲軒에 오지 않겠느냐고 물었다. 나는 그러기를 약속하고 도대체 무슨 이야기를 할 것인지 물었다. 상규는 나를 으슥한 곳으로 데려가더니 거의 속삭이듯이 말했다.
>
> 그는 한국 전문학교의 많은 학생들로부터 이상한 이야기를 들었으므로 그 때문에 이야기한다고 했다. 한국 민족은 곧 부정한 일본 정책에 대한 일종의 시위운동을 감행할 것이며, 전 한국인 학교의 학생들이 참가할 것이라고 했다. ……
>
> 상규는 우리에게 시위에 대한 새로운 준비며, 국기며, 삐라며, 행진 질서 등에 관한 소식을 전해주었다. 첫 시위는 3월 1일 오후 2시에 종로의 탑골공원에서 개시된다는 중요한 보도가 들어왔다.

이후 이의경은 일제 경찰에 쫓기다 중국으로 탈출, 임시정부에서 활동하다가 안중근의 사촌 동생 안봉근의 도움으로 1920년에 독일로 떠난다. 거기서 박사학위까지 받고 독일어로 문필 활동도 펼친다. 전후 독일문학의 한 페이지를 장식한 소설 『압록강은 흐른다』의 저자 이미륵이 바로 이의경이다. 위의 인용문도 이 책에 실려 있다.

이렇게 만세운동을 주도한 유상규는 곧바로 상하이로 향했다. 학교로 돌아가기엔 그의 젊은 심장이 퍽이나 뜨거웠던 듯하다. 독립운동에 뛰어들겠다는 결심이 확고했다. 1919년 5월 25일, 안창호가 상하이에 도착했다. 안창호의 일기에 따르면 미국에서 상하이로 왔을 때 처음부터 유상규가 자신을 보좌했다고 기록되어 있다. 그러니까 유상규는 만세운동에 참여하고 얼마 지나지 않아 상하이로 떠났던 것이다. 조국을 떠나 본격적인 독립운동에 헌신하겠다는 선택에 그리 긴 고민이 필요하지 않았던 듯하다. 그 후 4년간 임시정부 교통국 조사원과 흥사단원으로 활동했다. 교통국의 임무상 독립운동의 연락망 구축과 자금 조달 사업에 일익을 담당했을 것이다. 임시정부 내 대립이 심해지자 안창호의 권유로 고국에 돌아와서 학업을 이어가기로 한다. 귀국 전 일본에서 8개월 가까이 노동자로 일했던 경력도 발견된다. 사회주의사상의 영향이었을까? 그의 생애에 비춰보면 그럴 가능성은 낮다. 지식인으로서의 반성이었을지도 모르겠다. 하지만 이 경험은 조선인 민중을 바라보는 그의 시선에 큰 영향을 미친다.

1924년에 귀국한 그는 이듬해 조건부 복학을 한 다음 2년간의 학업을 마치고 총독부의원 외과 부수副手, 경성의전 외과학교실 조수, 강사를 거쳤다. 그 사이에도 흥사단 계열의 수양동우회와 기관지『동광』에 참가하고, 조선의사협회의 창립 발기인이자 서무부 간사로도 줄곧 활동했다. 안창호 자신은 흥사단과 실력양성론은 물론 그것을 넘어서는 비타협적 투쟁까지 포함하는 노선을 걸어갔다. 유상규는 그중 실력양성론의 길을 따랐다.

3·1운동으로 수많은 조선인이 고초를 겪었음은 말할 것도 없다. 혈기 넘치는 청년 학생들은 더 말할 나위도 없었다. 백인제와 유상규의

사례에서 보듯 수많은 학생이 시위 참가로 구속되고 형을 살거나 학업을 중단했다. 체포 후 예심을 거쳐 최종적으로 재판에 회부된 서울의 8개 전문학교 재학생은 모두 77명이었다. 그중 경성의전 학생이 32명으로 압도적이었다. 조선인 학생 수가 가장 많은 학교였다는 점을 고려해도 비중이 높았다는 건 여전하다. 경성의전에서는 1919년 동안 79명의 조선인 학생이 퇴학으로 학교를 그만두었다. 1918년에 197명이던 경성의전의 조선인 학생 수가 1919년에는 141명으로 줄어들었다. 3·1운동의 후과였을 것이다.

경성의전의 32명이라는 숫자가 두드러진다. 아직 경성제국대학이 세워지기 전이었다. 경성의전이라면 최고의 명문 학교였다. 의사라는 장래가 보장된 최고 예비 엘리트들이 청년 학생 중에서도 가장 많이 독립시위에 나서고 체포됐다는 사실이 무언가 울림을 준다. 학업을 중단한 학생 수도 상당했다. 울림은 있지만, 감동하기엔 조금 이르다. 오래도록 비타협적 운동을 이어간 경우는 많지 않았다. 백인제는 곧 독립운동을 떠났고, 유상규도 우회로를 돌아 결국 의사로 돌아왔다. 사회활동은 활발했으되, 의사 전문직의 수행과 비타협적 독립운동을 병행하는 경우는 매우 드물었다.

물론 독립군 군의가 되는 등 비타협적 독립운동에 헌신한 이들도 있었다. 경성의전에서 만세시위를 주도했던 한위건은 상하이로 건너간 이후 여러 해를 거쳐 본격적인 사회주의 독립운동가가 되었다. 3·1운동 이전부터 독립운동에 뛰어든 이들도 있었다. 1908년 제중원의학교(이후 세브란스의학교) 제1회 졸업생으로서 세브란스연합의학교 교수로 재직 중이던 박서양은 학교가 의전으로 승격한 직후인 1917년 홀연히 간도의 옌지현延吉縣으로 떠났다. 거기서 독립운동을 했고, 독립군 군의 활동도 했다. 박서양과 동기생인 김필순은 신해혁명이 준 감동도 있거니와 105인 사건에 따른 체포의 위협이 닥치자 1911년 12월 31일 중국으로 떠나 독립운동에 뛰어들었다. 1911년에 세브란스의학교를 2회로 졸업한 이태준은 중국 난징을 거쳐 몽골로 가서 개업과 독립운동을 병행하다가 이후 중국 장자커우張家口, 베이징 등지에서도 활동하였다. 한위건도, 박서양도, 김필순도, 이태준도 독립운동의 주된 활동지는 조국 바깥이었다. 식민지 조선이라는 공간에서 의사라는 합법적 전문직과 비타협적 독립운동을 병행하기는 거의 불가능했을 것이다.

근대적 교육을 받은 조선인이 절대적으로 부족한 현실에서 전문 지식을 쌓은 의사로서는 독립운동 못지않게 당장의 의료 실천을 통해 동포의 고통을 구제하는 일 또한 중요하다는 현실적 인식이 있었을 법하다. 경성의전 3회 졸업생 이면재는 3·1운동을 예비하는 경성의전 학생들의 모임에서 동맹휴학을 주장하는 강경파에 맞서 이렇게 주장했다고 증언한다. 1972년 『의학신문』과의 인터뷰에서다.

> 그러나 나는 반대했어요. 당시 우리는 질병에서 허덕이는 국민을 치료할 충분한 의사가 없었어요. 또 그때는 배우는 처지이고요. 만약 동맹휴학이라도 하여 학교라도 문 닫고, 또 독립이 되더라도 신의학을 배울 필요는 있지 않습니까? 싸우더라도 우선 공부나 하고 싸우자는 심정이었어요.

석방된 백인제의 심정도 마찬가지였다. "감옥 문을 나오니 한없이 도망가고 싶"었고, "이 조선 땅이 아닌 곳으로 한없이 도망가고 싶"었다. 유상규처럼 "조선을 버리고 상해로 갈 결심을 했"다. 그러나 결국 상하이로 떠나지 않은 데는 절친한 친구의 조언이 큰 영향을 미쳤다. 양주에 있는 친구 집을 하루 종일 걸어서 찾아가 통음을 하고 이야기를 나누는데 친구가 말했다. "한번 참으면 백날이 편하네. 자네가 할 일을 분명히 인식하게. 왔던 길을 되돌아가서 자네가 지금까지 걸어왔던 인생길을 그냥 매진하게. 그것이 자네와 동포를 위하는 길이네." 평전 『선각자 백인제』에 나오는 이야기다.

의사의 길은 독립운동의 길만큼이나 가치 있는 길로 여겨졌다. 동포의 육체적 고통을 구제하는 일, 생명을 건지는 일이 어찌 독립운동만큼 중요하지 않을 수 있을까? 서양의학이라는 혁신의 중차대함과 긴급성은 불문가지의 사실이었다. 거기서 성공한다면 행복할 수도 있을 것 같았다. 하지만 바로 거기에 불화의 핵심이 있었다. 혁신은 근대과학이라는 진리의 이름으로 도래했다. 과학에는 국적이니 식민지니 하는 문제가 끼어들 여지가 없는 것처럼 보였다. 하지만 사정이 그렇게 간단하기만 했을까? 프랑스의 식민 지배에 맞서 알제리 해방투쟁에 헌신했던 의사 프란츠 파농(Frantz Fanon)은 「의학과 식민주의」라는 글에서 이렇게 통찰한 바 있다.

진리와 이성의 이름으로 점령자의 확실한 혁신들에 "예"라고 말하도록 강요받으면서, 식민지인들은 자신들이 전체 시스템의 수인이 되었다는 것을, 그리고 알제리 내 프랑스의 의학 서비스가 알제리에서의 프랑스 식민주의와 분리될 수 없다는 것을 깨닫는다.

　서구인들의 침략과 식민 통치에는 양면성이 있었다. 차별과 혁신을 동반했던 것이다. 특히 19세기 이래 임상의학, 외과술, 세균 이론 등의 발전과 함께 의료 위생 분야는 비서구에 대한 서구 과학의 확고한 우월함을 보여주는 영역이었다. 그 우월함만 따로 떼어내 수용할 수 있을까? 불가능했다. 동도서기東道西器도 중체서용中體西用도 화혼양재和魂洋才도 불가능했다. 서구의 과학적 혁신을 수용하고 따라잡으려면 그것이 부과하는 규율과 질서도 함께 받아들여야 했다. 그뿐만이 아니었다. 그 역사관과 세계관도 함께 수용하는 수밖에 없었다. 인도의 탈식민주의 역사가 디페쉬 차크라바르티(Dipesh Chakrabarty)는 영국 지배 하의 인도 상황에 대해 진단하면서 그 규율과 질서를 수용한다는 것은 궁극적으로 그것을 가능케 한 서구적 근대의 역사적 행로까지도 수용하는 일이었다고 평가한다. 서구가 걸은 길을 역사의 정상적 경로로 수용하고 받아들이게 하도록 의학을 비롯한 과학적 혁신이 그 역할을 수행했다는 말이다.

　알제리도, 인도도, 중국도, 조선도 예외일 수 없었다. 특히 의학의 역할이 컸다. 의사들은 그 최첨단에 위태로이 서 있었다. 제국의 지배와 민족적 차별에 대한 비판 의식, 제국이 가져온 의학적 혁신에 대한 문명적 차원의 수용이라는 양면적 상황에서 둘을 양립시킬 수 있는 길은 좁고 험했다. 일제의 억압적 의료체계, 민족 차별적 위생행정에 대한 비판 의식, 그리고 같은 의사로서 동료 일본인과의 협력이 애매하게 공존했다. 조선인 의사로서 자기 민족에 대한 연민과, 신문명의 대표자로서 사회경제적 자존심에 상처 입히는 민중과 언론의 비난 사이에서 종종 불화에 빠졌다.

조선인 의사들은 어떻게 살았을까?

식민지 조선에서 의사라는 직업은 새롭게 출현하고 부상한 근대적 전문직의 대표 격이었다. 그러나 또 다른 측면도 있었다. 국가가 책임지는 공공의료 실현의 가능성이 사실상 배제된 식민지에서 대다수 의사는 개업의가 될 수밖에 없었다. 개업의가 된다는 말은 시장의 경쟁에 그대로 뛰어든다는 것을 의미한다. 식민지 조선에서 평범한 의사들의 꿈은 성공한 개업의, 곧 작은 자본가가 되는 것이었다. 아직 전반적으로 학력 수준이 낮고 의사는 너무나 부족한 상황이었다. 의사는 술기를 익히기 위해 애써 노력하거나 대체의학과 격렬하게 투쟁하지 않아도 최고의 전문가로 인정받았고, 공급자 우위 시장에서 손쉽게 자본가로 성공할 수 있었다. 백인제가 개업으로 큰돈을 벌었지만 그런 사례는 적지 않았다. 안과 의사로 유명했던 공병우도 그랬다. 공병우는 평북 벽동 출신으로 정주 출신이던 백인제와 사냥도 같이하는 절친한 사이였다. "공 박사가 떼돈을 가마니로 벌어들인다"는 말을 들을 정도로 큰돈을 벌었다. 그의 자서전 『나는 내 식대로 살아왔다』에 나오는 표현 그대로다.

식민지 조선의 의사들은 관립의원에 취직하는 소수와 개업하는 대다수로 나뉘었다. 관립의원에 취직하면 신중간계급으로서 안정적인 생활을 누릴 수 있었다. 개업하면 신흥 부르주아계급으로 성장할 수 있었다. 경제적 측면에서 이들은 식민지인 가운데 상당히 유복한 집단 중 하나였다. 기술 전문직이다 보니 일제와 특별히 사이가 나쁠 일도 없었다. 큰 틀에서 보면 상당수 조선인 의사들은 조선인의 행복이나 건강 따위는 염두에 두지 않고 별다른 걱정 없이 한 시절을 즐겁게 살았을지도 모르겠다. 하지만 그렇게 단정하기엔 여전히 찜찜한 구석이 남는다. 의료체계가 사람의 몸을 다루는 일인 한 민족적 분리와 차별이라는 문제가 그 몸을 다루는 현장에서 언제나 벌어졌기 때문이다. 식민지 조선인인 이상, 의사라고 해서 삶이 그저 안온할 수 없었다.

우선, 조선인 의사들은 자신들만의 조직을 따로 꾸렸다. 1915년 한성의사회를 필두로 전국 곳곳에서 조선인 의사회를 결성했다. 이들은 의사 집단 내부의 규율이나 집합적 이해관계의 실현은 물론, 통속의학강연회 등 대중을 상대로 의학 계몽을 펼치고, 빈민과 이재민 등에게 무료 진료를 하는 등 공중위생 활동도 벌였다. 의사회는 조선인 의사들이 독립투쟁이 아니더라도 집단으로서 자신들의 사회적 존재 가치를 입증할 수 있는 매우 중요한 기반이었다.

조선총독부는 조선인 의사회와 일본인 의사회가 따로 활동하는 게 못내 거슬렸다. 1922년 9월 4일 자로 '조선의사회규칙'을 제정하여 지정된 지역 내의 모든 의사들이 기존의 조직을 해산하고 단일한 의사회에 의무적으로 가입하도록 강제했다. 각 지역의 조선인 의사들은 통합을 요구하는 당국의 지시에 강력하게 반발했고, 이후로도 오랫동안 독자적으로 활동했다.

조선인 의사들이 통합을 거부하면서 내세운 핵심 논리는 조선인과 일본인이 함께 단체를 조직하게 되면 필연적으로 단체의 회장을 비롯한 자리를 놓고 민족 간 다툼이 벌어진다는 것이었다. 서울의 경우 당시 조선인 측의 한성의사회와 일본인 측의 경성의사회, 그리고 용산 지역의 의사회가 따로 활동하고 있었다. "지금까지의 실례로 보면 일본 사람과 조선 사람들이 한데 모여 회를 하면 결국은 회장 문제나 기타 여러 가지의 감정으로 자연 원만한 결과를 보지 못한 터"라는 것이 조선인 의사들의 기본 생각이었다. 조선인 토착 세력이 강한 평양 같은 곳도 마찬가지였다. 특히 경성의 변호사회나 평양 상업회의소가 통합될 때 회원 자격이나 회장 선출 등과 관련하여 큰 분란이 일어났던 것이 의사회 통합 반대를 위한 좋은 근거가 됐다. 일본인 의사들의 생각도 다르지 않았다. 함께하면 불편한 건 서로 마찬가지였다.

의사회가 '조선의사회규칙'에 따라 통합되면 이후 매사에 당국의 간섭이 심해질 것도 염려되었다. 특히 당국의 직접적인 통제를 받는 관립병원의 의사들이 규정상 모두 가입하게 되는 상황은 결코 달가울 수 없었다. 이런 점에서도 일본인 의사들과 생각이 같았다. 자영업자라는 점에서 이들은 기본적으로 같은 처지였다. 법정 조직으로서 강제가입해야 하는 의사회에 대해 비판적이었던 것이다. 일본인 측 경성의사회 또한 강제 통합을 관료적 전횡 방지와 내선인 구별의 필요성이라는 차원에서 강력히 반대했다.

이렇게 조직 분리를 유지함으로써 조선인 의사들은 독자성을 지키는 데 성공했다. 나아가 1930년 10월 21일에는 "전 조선 의사를 망라하여 상호 간에 협동 진작과 조선 민중의 위생 사상 향상 보급을 목표로" 조선의사협회를 창립하는 데까지 이르렀다. 유상규는 조선의사협회의 발기인이며 창립 당일 행사의 사회를 보았다. 그가 칭송했던 백인제, 유일준이 유상규와 함께 간사단의 일원이 되었다. 조선의사협회는 총력전 체제가 들어서며 강제 해산된 1939년까지 존속했고, 한성의사회는 1941년 해산될 때까지 존속했다.

민족 차별 비판과 사회적 연대감의 계기를 이루다

조선인 의사들이 배출되어 자리를 잡아나가는 과정은 이들이 조선 전역의 지역사회에 개업을 하는 과정이기도 했다. 이들이 지역사회에서 자리를 잡아가게 되자 먼저 개업해 있던 일본인 의사들과 경쟁 구도가 형성되기도 했다. 조선 사람들은 아무래도 말이 통하는 조선인 의사를 찾게 마련이었다.

1924년 3월, 경남 밀양에서 밀양의사회장인 일본인 이와다 히데요시가 조선인 의사 김형달이 잘못된 약을 쓴다며 공개 비방하여 파란을 일으켰다. 지역 의사계가 술렁였고 주민들은 불안해했다. 『동아일보』가 전하는 내막을 들여다보자. 이와다가 의사회장으로 자리 잡고 있던 밀양에 일본 오카야마의전 출신의 김형달이 삼성의원을 개업한 것이 3년 전이었다. 조선인들은 물론 일부 일본인들마저 김형달의 삼성의원으로 옮겨가자 사달이 나기 시작했다. 폐렴에 걸린 한 일본인이 이와다의 치료를 받다가 김형달에게로 옮겨 치료를 받던 중 사망한 일이 발생했다. 이와다는 김씨의 약이 폐렴에는 좋지만 심장을 해롭게 한 탓에 환자가 사망했다고 비난했고, 망자의 처는 김씨를 원망했다. 지역이 뒤숭숭해졌다. 하지만 현지의 다른 일본인 의사들은 오히려 김형달의 처방이 정상적이며, 심장에 나쁜 약도 아니라고 두둔했다. 이와다가 다른 의사들을 상습적으로 비난해왔다는 반박도 거셌다.

굴러온 돌에게 박힌 돌이 견제구를 날리다가 의외의 반격을 당한 것일까? 사태는 그리 간단치 않다. 김형달은 대대로 밀양에서 의관을 지낸 집안 출신으로 자신은 양의로 전향했다. 일본 유학을 마친 뒤 고향 밀양에서 개업했다. 김형달은 왕진 가방을 매단 자전거를 타고 흰 가운을 입은 채 밀양 고을 어디나 안 다니는 곳이 없었다. 있는 사람이건 없는 사람이건 차별 없이 치료했고, 환자라면 돈이 없어도 일단 치료부터 해주었다. 심지어 빈한한 환자에게 돈을 주고 오는 일까지 있었다. 광복운동과 사회운동에 후원을 했다는 후일의 증언도 있다. 고향에서 개업한 조선인 의사는 기존의 사회적 인간관계로부터 자유로울 수 없었다. 아니, 그 자신이 그런 밀도 높은 인간관계의 오랜 구성 부분이었다. 굴러온 돌은 일본인 의사들이었다.

공의公醫를 두고서도 비슷한 갈등이 벌어졌다. 공의란 지역사회의 공중보건 업무에 종사하는 의사를 가리키는 말이니, 요즘의 공중보건의라고 생각하면 된다. 일본인 개업의는 자신이 원하면 일본인 거주지에서 개업하는 방식으로 일본인 중심의 환자를 받을 수도 있었다. 하지만 의료 취약지에 주로 배치되는 공의는 그래서는 안 되었다. 공의는 그 역할상 일반 조선인과의 대면 접촉이 필수적이고 광범위해야 했다. 그런데 일본인 의사가 더 많은 의료인 구성과 일본인 공의를 우선시하는 위생행정 아래서 언제나 일본인 공의가 더 많았다. 일본인 공의들은 무시로 조선인을 차별하거나 무시하여 지방민의 원성을 샀다.

1934년 4월 16일 충청남도 서천군 서천면 교촌리에서 강동희의 둘째 딸이 병중으로 새벽에 생명이 위독해졌다. 인구 9만의 서천에 의사는 고작 두 명. 강동희는 그 지역의 일본인 공의 우에무라植村에게 달려가서 왕진을 요청했다. 우에무라는 그에게 조선인이냐고 묻더니 그렇다는 대답을 듣자 밤중에 조선인 집에는 왕진을 가지 않기로 하였다면서 거절했다. 지역사회의 높아지는 원성에 우에무라는 이렇게 해명한다. "새벽 2시라 아내가 나가서 물어보았으나 조선말이라 알아듣지 못하고, 일본 사람을 데려오라 했던 것을 오해한 것인가 보오. 일반의 불평이 있다는 것은 별수 없다고 생각합니다, 운운."(『조선중앙일보』 1934. 4. 25)

공의는 아무래도 조선인이 좋을 수밖에 없었다. 1932년 경북 예천에서는 일본인 공의가 사직한 공석에 조선인 공의 임명을 요청하는 여론이 일어났다. 왜 그랬을까? 예천 읍내에 이미 조선인 의사가 경영하는 두 의원이 "일반의 인기를 끌고 있으므로 평범한 의사로서는 이 성벽을 돌파하기 어려울" 것이라는 게 이유였다(『동아일보』 1932. 9. 27). 전북

이리에서는 조선인 공의 임명반대운동을 벌이겠다는 이리의사회의 결정에 항의해서 조선인 의사들이 의사회를 탈퇴하는 사건도 일어났다(『동아일보』 1927. 5. 21).

관립의원의 의사 등 의료인이 대부분 일본인이다 보니 조선인 환자에 대한 차별도 중요한 이슈였다. 관립의원에서 가난한 환자에게 병원비를 면제 또는 할인해주는 시료의 대상자는 거의 99%가 조선인이었다. 시료환자에 대한 차별은 곧 조선인 차별 사안이었다. 시료는 총독부가 내세우는 가장 큰 치적 가운데 하나였다. 여기서 차별 문제가 불거진다면 통치의 정당성이 훼손될 수도 있었다. 그런데도 시료환자 차별 논란은 항상 불거졌다. 심지어 병원비를 지불하는 일반 조선인 환자에 대한 차별이 논란을 불러오는 경우도 있었다. 관립의원에서 일본인 입원 환자에게는 의사가 매일 찾아와 진찰하고 치료해주는 반면, 조선인 환자에게는 8일 동안이나 간호부만 보내고 전혀 찾아오지 않는다거나, 조선인 환자 침실의 가리개를 뜯어내어 일본인 환자의 침상에 설치하는 차별을 하고 있다는 식의 비판 기사가 이어졌다(『시대일보』 1925. 6. 15).

사정이 이렇다 보니 관립의원에 조선인 의사를 채용해달라는 요구가 지역사회의 단골 쟁점이었다. 도립의원이나 부립의원은 규모도 크거니와 조선인이 절대다수를 차지하던 시료환자의 비중도 높았기 때문에 조선인 의사의 채용 문제가 중요했다. 1930년 3월 원산부협의회에서는 남백우 등 조선인 의원 일동이 부립병원에 조선인 의사가 한 명도 없는 것은 조선인 차별이라며 채용을 강력히 요구하자 당국이 개선을 약속했다(『동아일보』 1930. 3. 18). 1931년 3월 부산부협의회 예산회의에서는 부의원 김장태가 부립 순치병원에 조선인 의사가 한 명도 없다며 채용을 강력히 요구하였다. 이에 일본인 의원 나카지마가 "병원 의사는 다 평등으로 환자의 병을 보아주는 것인데 특별히 일본 사람과 조선 사람을 구별하여 운운하는 것은 사상상으로 보아 재미스럽지 못하다"고 논박하였다. 사상을 거론하며 위협하는 느낌에 김장태는 분기했다. 부산상업회의소 부회장 출신인 김장태는 부산 지역의 내로라하는 친일적 자본가였다. 그런 그에게 사상 운운하니 발끈했을 것이다. 그 바람에 "조선 사람과 일본 사람의 민족적 견해의 대립으로 의장의 분위기는 자못 긴장한 빛을 띠었다."(『동아일보』 1931. 3. 27) 이런 갈등이 전국 여러 곳에서 일어났다.

민족 차별이 문제가 되는 곳에서 조선인 의사와 환자는 의사 대 환자로 구별되기 이전에 같은 조선인으로 인식되었다. 지역의 구체적인 의료 위생상의 문제와 쟁점을 매개로 조선인 대 일본인이라는 대립 구도가 생겼고, 조선인 의사들과 주민들은 조선인으로서 연대감을 쌓아갔다. 각 지역 재해의 현장에서 조선인 의사들은 구호반을 조직하여 현장에 나섰다. 1927년 함경남도 영흥과 전라남도 해남에서 발생한 에메틴 주사 후 사망 사건처럼 일제 당국에 발발과 은폐의 책임이 있는 인명 피해 사건에는 진상조사단을 파견하여 격렬히 맞서기도 했다. 국가는 이민족에게 장악된 상황이었다. 조선인 의사들의 활동은 국가 없는 조선인들 사이에 사회적 연대를 이루는 하나의 계기가 되었다.

의사들, 신지식의 대표이자 인격자가 되다

지역사회에서 조선인 의사라는 존재는 전문 직업인 이상이었다. 이들은 질병을 치료하는 전문가이면서 동시에 성공한 유지였으며, 적지 않은 경우 일본이나 구미 유학의 경험까지 갖추고 현대 과학기술을 대표하는 지성의 상징이었다. 한마디로 지역사회의 중심인물이었다. 대표적인 조선인 의사 단체 중 하나인 한성의사회는 1933년 회보 창간호에서 이렇게 자평했다. "의술은 그 학문이 고상하고 그 사업이 선미하여 마땅히 세인의 존경과 숭배를 받을" 일이고, 의사들은 "신시대의 최고 전문 학문을 배운 지식계급"이라고. 의사들의 자부심은 이렇게 역사가 깊다.

1937년 11월 30일 자 『동아일보』는 한 면 전체를 「약진원산소개판躍進元山紹介版」으로 할당했는데, 6개의 기사를 통해 병원 및 조선인 의사들을 소개하고 있다. 그 외에도 학교 한 곳, 기업 한 곳, 부의원을 비롯한 6명의 중요 인물을 소개하고 있다. 전체 14개 기사 중 6개의 기사가 병원과 의사를 소개하는 데 할당되어 있는 것이다. 정도의 차이는 있지만 다른 지방소개판에서도 마찬가지였다. 의사를 소개할 때는 대개 출신 학교를 밝히고 유학 경력이 있을 때는 더욱 상세히 설명했다. 경성치의전을 나온 후 세전병원에서 누년 연구한 후 "더욱이 미국에 유학하여 연구를 누적한 만치 일본식 미국식을 병행한다는데 치의계 맹장猛將의 칭을 받고 있다"는 식이다. 또, "경도제대(교토제대) 의과, 독일 후라이불크(프라이부르크Freiburg)의대를 거쳐 어금於今(지금)에 동 병

『동아일보』 1937년 11월 30일　한 면 전체를 「약진원산소개판躍進元山紹介版」으로 배치하여 병원과 의
사를 소개하고 있다. (출처: 국사편찬위원회 한국사데이터베이스)

원을 당지當地 광석동에 위치하고 경영에 이른 것"인데, "씨氏는 결핵
요양원 창립을 목표하고 있다는 바 그 실현은 중인衆人의 요망하는 바"
라고 소개한 의사도 있다.

소개되는 의사들은 하나같이 대단한 인격자였다. "불면불휴不眠不休
인술仁術의 천직에서 근로를 불사"하는 씨氏는 "온유정용溫柔正容한 인
격"을 지녔고, 다른 씨는 "인자한 성품과 따라서 그의 메-스는 일반의
기대에 적지 않은 바 많"으며, 또 다른 씨는 "포용에 원만한 씨의 성격
은 도규계刀圭界(의료계)의 적임자임에 과평이 아"닌 것이다. 인천의 사
례도 살펴보자. 한 개업의는 "욱일지세로 의료계의 일인자로 군림"하
고 있었는데, "범사에 근면 성실하고 종시여일終始如一한 씨는 각 방
면으로 신망이 돈후"하여 "인기를 일신에 모으고 있"을 뿐 아니라 "환
자를 대할 때 가족과 같이 친절히 대"해준다. 인천의 또 다른 치과 의
사 역시 "만방의 덕망을 일신에 모으고 있음"은 물론 "본시 천성이 인
자한 씨氏로서" "의醫는 인술仁術이라는 모토를 좌우명으로 삼고" "독
특한 자비심"으로 "극빈자에게 무료 치료"까지 해주고 있다("동아일보』
1938. 9. 27).

낯 뜨거울 만큼 칭송으로 일관한 신문 기사는 이 시기의 관행이었
다. 의사뿐만 아니라 실업가, 공직자, 교육자에 대해서도 모두 그랬다.
그래서 이 식상한 관행은 의미심장하다. 의업과 인격, 과학기술과 인
격이 등치되고 있는 까닭이다. 근대적 산업과 교육에서 두각을 나타낸
자들에 대해서도 마찬가지였다. 지식이나 기술이 인격과 등치될 리는
없다. 그러므로 이것은 사실이 아니라 당위의 문제였다. 근대는 좋은

것이어야 했다. 기술적으로든 윤리적으로든. 그게 당대 엘리트들의 믿음이었다.

누가 악덕 의사였나?

역설적이지만, 바로 그랬기 때문에 조선인 의사의 처지에는 난감한 면이 있었다. 조선인 의사들에게 쏟아지는 의례적인 인격 상찬은 그들에 대한 무거운 기대를 보여주는 것이기도 했다. 의사들은 이 과도한 기대가 부담스러웠다. 사실 의사들은 수시로 욕을 먹고 있었다. 인격 문제 때문이었을까? 그렇기도 하고 아니기도 했다. 인격을 시험에 들게 하는 돈이 문제였다.

어떤 의사는 약값이나 진료비 떼일 걱정에 행색이 가난한 환자를 거절하곤 했다. 언론에는 악덕 의사를 비판하는 기사가 종종 실렸다. "경향 각지를 통하여 발호하는 악덕 의사"는 어떤 자를 가리킬까? "돈이 없는 환자에게는 진찰과 투약을 의례히(으레) 거절하여 인도상으로 차마 하지 못할 운명을 짓게" 하거나 "돈이 있는 환자에게는 단시일에 완치할 병도 과다히 불쿠어(불려서) 입원 일자를 끄는 것이나 약을 일부러 맞지 않게 써서 시일을 길게 하는 등" "차마 상상 못할 일이 있다"는 것이었다. 결국 총독부 경무국에서 이런 악덕 의사들을 의사규칙과 기타 법규에 따라 단속할 방침을 세웠다는 기사도 났다(『동아일보』 1933. 11. 11).

1934년 12월 12일 밤, 서울 낙원동에서 큰 화재가 났다. 가난한 부부는 큰 화상을 입어 숨이 넘어가려는 어린 아들을 안고 인사동과 낙원동 일대의 온 병원 문을 두드리며 치료를 해달라 빌었지만, 단 한 곳도 문을 열어준 곳이 없었다. 아이는 부모 품에서 죽었다(『조선일보』 1934. 12. 14).

1937년 9월 30일, 경성부 청진정 거주 임 모 여인은 남편과의 불화로 음독을 했는데, 사람들이 그녀를 부근 병원으로 데려갔으나 병원 측에서는 그녀의 행색이 초췌한 것을 보고 의사가 없다며 돌려보냈다. 이윽고 인근 6, 7곳의 병원을 찾아다니느라 2시간을 허비한 끝에 임 모 여인은 거리에서 절명했다(『매일신보』 1937. 10. 5).

당국이 조사하고 처벌한다며 나선다고 해도 사태는 별반 달라지지 않았다. 조선 사람들 돌보는 일이 임무라는 조선인 공의조차 실상은 크게 다르지 않았다. 1934년 3월 30일, 경북 경주군 강서면 안강에 사는 구원이의 다섯 살 난 둘째 아들 용필이 갑자기 병이 들어 생명이 위독해졌다. 구씨는 "생활은 구차하나 자식의 생명이 경각에 있으므로 그곳 공의 성 모씨를 찾아갔더니 4원짜리 주사만 맞으면 완쾌할 터"라 하였다. 구씨는 여러 사람에게 사정하여 3원을 빌려서 다시 공의 성씨를 찾아갔다. 부족한 1원은 곧 주선해서 줄 테니 아이 생명만 구해달라고 간청했다. 공의는 듣지 않고 밖으로 나가버렸다. 얼마 지나지 않아 어린 생명은 숨을 거뒀다. 하늘이 무너질 노릇이었다. 성 모 의사는 언론에 어떻게 해명했을까? "생명을 구하는 의무를 가진 나로서 이번 같은 것은 나의 잘못도 있겠습니다만 치료를 받는 여러분도 생각을 하여주시오. 현금을 주고 사온 약을 가진 나는 신용 없는 외상을 절대로 아니 놓습니다. 그러니 여러분은 나를 욕하기 전에 먼저 나에게 신용을 얻으시오."(『동아일보』 1934. 4. 10)

뻔뻔한 소리지만 전혀 일리 없는 말도 아니었다. 신용 없는 사회였다. 의료보험도 없는 시장의료체계였다. 게다가 민중은 지지리 가난했다. 개업한 의사는 이미 의료사업가일 뿐 자선사업가가 아니었다. 성공하고 싶은 욕망을 탓할 수 있을까? 하물며 손해를 보면서 사업을 할 수는 없는 노릇이었다. 민중과 언론은 의사를 비난하고, 의료 위생행정의 권한과 관립병원을 거느린 식민 당국은 약값 인하를 압박했다. 앞서 살핀 바 있는 1922년 무렵 조선인 의사회와 일본인 의사회가 모두 단일 조직화에 반대한 데는 약값 인하 문제도 걸려 있었다. 약값 인하는 당시 의료계의 최대 현안이었다. 조선총독부는 물가 인하의 측면에서 사립병원의 약값 인하를 종용했고, 총독부가 관할하는 관립의원의 약값 인하는 이미 결정한 상태였다. 약값 인하는 명분 있는 요구인 만큼 의사들로서는 쉽게 거부하기 어려웠지만, 개업의들이 이를 부담스럽게 생각하는 것도 어느 정도는 타당했다. 한성의사회 측의 한 조선인 개업의는 "약값을 내린다고 떠드는 것부터 우스운 줄로 생각하오"하며 가소로워했다. 관립의원에서 약값을 내렸다고는 하지만, "실상 돈이 많이 드는 진찰료·입원료 같은 것은 조금도 내리지 않고, 값싼 물약이나 가루약만 몇 푼씩 내렸다 하니 너무나 광고적"이라며 일갈했다(『동아일보』 1922. 11. 22). 대공황이 몰아친 1930년 이후에도 약값 인하 압력은 거세게 몰아쳤다. 그래도 각지의 의사회들은 웬만하면 꿋꿋이

버텨냈다.

조선인 의사들도 이익을 추구했고, 조선인 의사회 역시 근본적으로 이익단체였다. 이익을 추구하는 것 자체가 문제될 리 있을까? 없다. 그게 정상이다. 그런데 문제가 됐다. 사회가 정상이 아니었던 탓이다. 그들의 당연한 직업적 이익 추구가 식민지 조선 민중의 고달프고 서글픈 삶 위에서만 가능했던 탓이다. 한편으로 조선인 의사들의 기예와 덕망을 찬양하던 언론이 또 한편으로는 이들에 대한 불신을 조장하고 매도하는 데 앞장섰다. 언론은 인술을 편다는 의사들이 "병인을 진단하기 전에 빈부를 진단하는 악습이 있는가? 없는가? 병자를 약대藥代의 원천을 삼아 치료의 천연遷延(늦추고 지체함)으로 수입을 늘리는 악덕이 있는가? 없는가?" 하고 추궁했다(『동아일보』 1933. 11. 12). 심지어 1935년에는 의사가 매춘부보다 못하다는 모욕적 비난이 1면 사설로 나오기도 했다.

유상규의 격분과 조선인들의 '값싼 동족애'

유상규는 이런 기사와 사설을 읽고 화가 많이 났다. 아마 조선인 의사 일반을 대변하는 심정이었을 것이다. 1935년 신간 『개벽』 제4호에 글을 실었는데, 논조가 벼르고 벼른 느낌이다. 유상규의 눈에 언론은 소설을 쓰고 있었다. "증명할 수 없는 상상적 허구의 사실을 나열케 하는 그대들의 소위 '악습', '악덕'이야말로 그대들의 소유가 아닐까?" 유상규는 언론의 공격을 비열한 짓으로 보았다. 언론은 사실 보도에서

무책임했다. 앞에서 보았던 낙원동 화재 사고 보도에서 언론은 가난한 집 아이를 외면했다는 의사의 이름을 실명 보도하지 않았다. 병원 이름은 신문마다 달랐다. "어찌하여 있으면서 '축출'하였다는 의사를 지명 규탄하지 않는가? 신문마다 병원의 이름이 구구한 것은 무엇을 의미하는가?" 사실의 기초조차 결여한 자격 미달 기사들이었다. 기자들은 어떤 인간인가? "'의사'라는 스위치를 틀면 악담만 쓰러 나오게 된 두뇌의 소유자"들이었다.

유상규는 분노가 치밀어 올라서 가슴이 터질 것 같았다. 일찍이 가난한 이들을 위한 부립 부민병원 설립을 역설한 그였다. 부민병원이 1934년 2월에 개원했고 화상 입은 아이를 인사동과 낙원동 일대 병원이 받아주지 않아서 죽은 것이 그해 12월이니, 처음부터 부민병원으로 갔으면 될 일이었다. 사람들이 부민병원에 갈 생각을 못한 게 사달이 난 원인이라고 보았다. 부민병원이 옛 훈련원 광장(오늘날의 을지로 5가) 자리에 있어 멀어서 못 갔다면, 분원이 필요하다는 생각이라도 했어야 했다. 기자들이 "본원은 그만두고 분원만이라도 낙원동에 바로 있었으면 하는 생각은 못 내보겠는"지 기가 막혔다. 언론이 마땅히 해야 할 일은 부민병원을 선전하고 분원 설립을 촉구하는 것이었다. 언론이 제 할 일은 똑바로 하지 않은 채 엉뚱하게 의사들만 매도하니 적반하장이었다.

의사를 매춘부보다 못하다고 비난한 모욕적 사설 앞에서는 유상규도 막 나갔다. "조선 민중이 모두 그대들 같다고 할진대 이것이야말로 '돼지에게 진주'를 던진 것이 아닐까 한다." 의사가 왜 돈을 따지느냐는 비판에는 이렇게 맞받았다. "돈을 받지 않고 목숨을 살려주면 그것은 인술에 '금상첨화'겠지, 그래야 비로소 인술이 되는 것은 아니다. 의사로서 고칠 병을 고치지 못하면 그것은 인술을 모독하는 것이 될지 모르나, 병을 고치고 보수를 바라는 것은 결코 모독이 아님을 그대들은 알아야 한다. 아무리 그대들이 자본가에게 길들었다 할지라도 치료를 받을 수 없이 빈곤한 사람의 그 빈곤한 탓을 어찌 의사에게 돌리려 하며, 빈곤한 병자가 치료를 받도록 하려면 어떻게 하여야 할 것도 알 만하지 않은가?"

여기서 의술이 인술이 되는 까닭은 윤리적 행위이기 때문이 아니라 기술적 행위이기 때문이다. 그러므로 인술에 대한 모독은 치료에 대한 경제적 대가를 원하는 데 있지 않고 치료에 기술적으로 실패하는 것이다. 이 빈곤하고 무지한 데다 후안무치하기까지 한 조선 민중들 사이에서 의사 노릇하기가 갈수록 힘든 까닭은 이를 혼동하는 탓이다. "의사로서도 일본 사람이 많이 사는 지방으로 가서 개업하고자 하는 사람이 해마다 많아지는 경향이 있다. 그들의 말을 들으면 '가난한 일본 사람이 돈 많은 조선 사람보다 낫다'는 것이다."

언론에 대한 유상규의 분노에는 좀 더 깊은, 곱씹어볼 만한 맥락이 있다. 그가 이 글을 발표하기 한 해 전인 1934년 7월 21일, 남부 지방에 기록적인 폭우가 쏟아져서 철도가 끊어지고 사람들이 죽고 다치는 재해가 났다. 수많은 이재민도 발생했다. 언론은 이 비극을 신속히 보도하기 위해 총력을 기울였다. 각지에 취재반을 파견하여 참사 현장을 보도하고 시리즈로 사진 화보를 이어갔다. 『조선일보』는 공중촬영을 위해 사상 최초로 비행기를 빌리기도 했다. 언론사들은 아예 직접 구호대를 조직하여 각지로 파견했다. 구호대 속에 의사들이 합류해서 의료 구호를 수행했다. 이윽고 언론은 대대적인 수재 의연금품 모금에 나섰다.

유상규는 사람들도 언론도 다 가증스러웠다. 그해 10월, 잡지 『신가정』에 「값싼 동족애」라는 제목으로 기고를 했다. 삼남 지방의 수재를 보도하는 신문 기사들에서 두 가지가 신기하다고 보았다. 그 하나는 신문사들이 두 달간 수만 명에게서 정력적으로 모은 의연금 누계가 서울 외곽 별장들 중에 가장 작은 한 채(!)의 값보다 많지 못하고, 그즈음에 흔히 볼 수 있던 금광 졸부들이 첩으로 들이는 기생 한 명의 몸값만큼도 못 된다는 것이었다. 참담한 일이었다. 또 하나는 자기들이 걷는 약간의 의연금품으로 엄청난 손해와 수만 명의 이재민을 다 구해낼 듯이 떠들고 비참한 광경을 화보로 알리던 그 지면에, 「7월에 백중달」같이 시절을 즐기는 화보를 내면서 마치 구제가 끝났다는 듯한 인상을 준 것이었다. 가증스러운 이중성이었다. "엄숙하고 전율할 참담한 사실을 앞에 두고" "동족애의 미명하에 신문 선전에 이용한 혐의"가 역력했다. 언론은 그저 장사치일 뿐이었다. 신문사들이 한 일의 결과는 "우리 조선 사람은 동족애가 없는 민족이올시다"라는 말을 세상에 널리 알린 것뿐이었다. 유상규가 분노한 이유였다.

단지 언론에 대한 분노만은 아니었다. 유상규는 이미 동족에 절망한 적이 있었다. 상하이에서 독립운동을 하다가 귀국하는 길에 일본에서 8개월간 노동자 생활을 한 적이 있다는 사실은 앞서 밝힌 바 있다. 귀국 후인 1926년부터 잡지 『동광』에 그 체험을 연재 수기로 남겼다. 그는 이 노동자 생활에 대해 "그때 내가 주제넘게 무슨 노동운동이나 하려던 주의였다면 또 달리 무엇이나 하여보려고 하였겠지만 기실은 그렇지 않았고, '이왕이면' 하였던 까닭"이었다고 술회하였다. "이왕이면" 했다는 건 무슨 뜻일까? 명시적인 힌트는 없다.

아무튼 그는 일본에서 조선 민중의 삶을 육신으로 진하게 체험했다. '날일'을 하다가 "사선을 넘는 듯"한 위험 속에서 엄지손톱이 빠지기도 했고, 자기 돈 쓰지 말고 우두머리가 고약을 사다줄 때까지 기다려야 한 푼이라도 아낄 수 있다고 하여 사흘을 기다려서 간신히 고약을 붙이기도 했다. 조선 사람 인부 덕삼이는 수레에 깔려 죽었다. 육신과 생명이 파괴되는 나날의 연속이었다. 하지만 파괴되는 것은 육신만이 아니었다. "별별 우습고도 기막히는 일이 비일비재"했다. 일부 조선인 노동자들은 모르핀으로 고통을 잊으며 살고 있었다. 어떤 "애국적 웅변가"도 이 비참한 상황을 바꿀 수 없을 것 같았다.

이들은 "환상의 꿈은 깨어지고 이상의 등불도 쓰러진 채 정처 없이 여로에서 방황하는, 농촌을 버린 노동자"일 뿐이었다. 마소만도 못한 비참한 직공 생활 속에서 자각은 자라나지 못했다. 조선인 노동자들은 "하여간 그렇듯 나이가 먹도록 우마牛馬 이상의 노역을 하면서 돈견豚犬 이하의 생활을 하여오건만 현대 사회조직을 저주하는 사상이란 싹도 안 난 듯"하였다. 소나 말, 개나 돼지만도 못한 생활을 하면서 비판적인 사상조차 생겨나지 않으니 한심하다는 비난이었다. "언제나 저들의 머릿속에 '왜?' '어찌하여?'라는 의문이 생기어지며 그 의문의 대답을 '팔자'

라 아니하게 될까!"

유상규는 가난한 민중에 대한 이 의문, 이 불신을 끝내 풀지 못했다. 아니, 개돼지만도 못한 수준의 민중에 대한 불신과 "값싼 동족애"에 대한 분노는 더욱 깊어만 갔다. 그는 '돼지 목에 던져진 진주목걸이' 신세가 된 의사였다. 그 '개돼지들'에게 모든 신명을 바쳤다. 도산 안창호의 "우정을 그대로 배운 사람이 하나 있었으니 그것은 유상규였다." "경성의학전문학교 강사로 외과에 있는 동안 그는 사퇴仕退(퇴근) 후의 모든 시간을 남을 돕기에 바쳤다. 의술로는 돈 아니 받는 왕진에 골몰하였고, 무엇이나 친구의 일이면 분주하였다." 친우 이광수의 회고다. 민중을 불신했고, 신명 바쳐 민중에 봉사했다.

식민지 의사들의 마지막은

유상규는 이 정열과 분노, 그리고 불신을 고스란히 안은 채 1936년 7월 18일, 수술 중 걸린 연쇄상구균 감염증으로 발병 3일 만에 급서했다. 만 38세였다. 벗이자 스승인 백인제가 직접 개복수술까지 했지만 살려내지 못했다. 자신의 사체를 의학 연구를 위해 기증한다는 유언을 남겼다. 바로 직전에 박사학위논문이 통과되어 개업을 준비 중이었으니 그 나름의 뜻을 펼치기 일보 직전이었다. 친우인 춘원 이광수가 경성의전장으로 치르는 장례를 주관했다. 유상규 생전에 아버지처럼 따르던 도산 안창호는 2년쯤 후인 1938년 3월 10일에 세상을 떠났다.

1932년 이후 두 차례, 5년여에 걸친 수감 생활과 고문으로 얻은 병을 더는 이기지 못했다. 잡지 『삼천리』 1938년 5월호에 도산의 유언이 실렸다.

도산은 돌아가기 전 며칠 전에 이런 말씀을 하였다.
"나 죽거든 내 시체를 고향에 가져가지 말고."
"그러면 어떻게 할래요."
"달리 선산 같은 데도 쓸 생각을 말고."
"서울에다 묻어주오."
"…"
"공동묘지에다가…"
"유상규 군이 누워 있는 그 곁 공동묘지에다가 묻어주오."

망우리 유상규 무덤 바로 위에 도산이 묻혔다. 민중에 절망하고 불신했지만, 또 민중을 뜨겁게 사랑한 유상규였다. 아버지 같던 스승이 함께하니 죽어서 외롭지 않았다(안창호 묘는 1973년 도산공원으로 이장하여, 현재 망우역사문화공원에는 묘터만 있다). 유상규가 세상을 뜬 지 몇 년 후, 백인제는 새로 나온 페니실린을 들고 "유 군이 몇 해 뒤에만 그 병에 걸렸어도 거뜬히 치료되었을 텐데, 그것을 기다리지 못하고 죽었느냐"며 회한에 잠겼다.

조선 제일의 외과의사 백인제는 일제 말기의 개업으로 쌓은 막대한 재산을 투자하여 1946년에 드디어 메이요 클리닉의 한국판이 될 한국

최초의 재단법인 병원인 백병원을 설립했다. 서울의대 외과주임교수 및 제2부속병원장, 제1, 2대 서울시 의사회장 등을 역임하며 신생 조국의 의료체계 건설에 앞장서다가 한국전쟁 발발 직후인 1950년 7월 서울에서 납북됐다. 이후의 생사가 전하지 않는다.

유상규, 백인제와 함께 만세운동에 투신했다가 상하이로 떠난 경성의전 동기 한위건은 그 후 어떻게 되었을까? 한위건은 의사의 길로 돌아오지 않고 열혈 혁명투사가 되었다. 임시정부의 내무위원을 지냈다가 귀국한 뒤 『시대일보』 및 『동아일보』에서 기자 생활을 하며 조선공산당에서 활동했다. 당 중앙위원, 선전부장 등을 역임했다. 제4차 조선공산당 사건 이후 검거를 피해 다시 상하이로 건너가 『계급투쟁』을 발행했고, 이후 중국공산당에서 활동했다. 중국공산당 입당 심사 과정에서 장지락이 반대했다. 님 웨일스(Nym Wales)가 쓴 『아리랑』의 주인공 김산이 바로 장지락이다. 두 사람 사이 악연의 시작이다. 그의 처는 의사이자 사회주의자이며 페미니스트인 이덕요였다. 1931년에 역시 중국으로 망명해서 부부가 다시 합쳤다. 한위건을 "따라갔다"고 하기에는 워낙 주체적이고 실천하는 여성이었다. 이듬해 뇌막염으로 세상을 떠났다. 다시 혼자가 된 한위건은 중국공산당 허베이성河北省위원회 선전부장으로 활동하던 1933년경 이른바 '철부노선'을 제시하여 당내 좌경 노선과 맞서다가 숙청 상태에 몰렸다. 1936년 류사오치劉少奇에 의해 허베이성위원회 서기 겸 톈진天津시위원회 서기로 임명되면서 재도약했다. 1937년 7월 중국 옌안延安에서 폐결핵으로 사망했다. 그의 나이 41세 때였다.

엔지延吉로 간 박서양의 후일도 궁금하지 않을 수 없다. 그는 엔지에서 구세병원을 경영하며 가난한 자들을 무료로 치료하는 한편, 숭신학교를 설립하고 교장으로서 민족교육에 힘썼다. 학생들은 3·1운동과 광주학생운동에 호응하여 시위를 벌였고, 임시정부의 문건을 배포하기도 했다. 학교는 일본 영사관 측에 의해 여러 차례 폐교 위기에 처했다. 박서양은 1920년대 초반 당시 북간도 최대의 독립운동 조직인 대한국민회에 참여하여 군사령부의 유일한 군의軍醫로서 군진 의료를 담당했다. 1931년 일제의 괴뢰 만주국이 수립되고 그 이듬해에는 숭신학교가 끝내 폐교됐다. 간도에서 그의 활동 기반은 극도로 위축됐다. 박서양은 1936년에 귀국하여 고향인 황해도 연안읍에서 개업했다. 이후 독립운동의 흔적은 발견되지 않는다. 창씨개명 신고·설정 기간이던 1940년 8월 1일, 성을 '우에노植野'로 신고했다. 그해 12월 15일 사망했다. 만 55세였다.

서간도 퉁화현通化縣으로 갔던 김필순은 1913년에 마적 떼의 습격을 받고 다친 우당 이회영의 부인 이은숙을 치료한 일이 그녀의 회고록에 나온다. 퉁화에도 일제의 영향력이 미치기 시작하자 1916년에 헤이룽장성黑龍江省 치치하얼로 옮겨서 병원을 열었다. 북쪽의 제중원이라는 뜻으로 '북제의료원'이라고 이름을 지었으니 제중원의학교의 맥을 이은 세브란스의학교 1회 졸업생다웠다. 개업과 함께 중국군 군의관으로도 활동했고, 독립군 기지 건설에도 관여했던 것으로 추정된다. 1919년 9월 1일 콜레라로 사망한 것으로 알려져 있다. 만 41세였다. 가족들은 그가 독극물에 살해당했고 주장한다. 엄혹하던 시절이라 정확히 알 수 없다. 그 아들 김덕린이 훗날 중국 영화계에 뛰어들어 '영화 황제' 칭호까지 받을 정도로 성공한 김염이다. 처음에는 청춘스타로 인기를 끌었지만, 〈대로〉 같은 대표적 항일 영화의 주연을 맡으며 항일운동에 주력했다. 아버지 삶에 부끄럽지 않은 아들이었다.

몽골로 간 이태준은 김규식을 지원하고 한인사회당 일을 맡아 모스크바의 레닌 정부에서 임시정부로 보내는 자금을 전달하기도 했다. 김원봉을 만나서 의열단에 가입하고 열심으로 그 활동을 지원했다. 족보에는 그가 상해임시정부의 군의관 감무로 활동한 일도 있다고 전한다. 그의 병원에는 늘 독립운동가 수십 명이 숙식했다. 러시아 백위군白衛軍이 고륜庫倫, 곧 지금의 울란바토르를 점령한 1921년 2월, 일본군의 사주로 백위군에 의해 무참히 처형당했다. 만 37세였다.

선택한 길은 달랐지만 유일준도, 유상규도, 한위건도, 김필순도, 이태준도 다들 이른 나이에 세상을 떠났다. 사고, 감염, 폐결핵, 질병, 처형 등 모두 불의에 세상을 떠났다. 뜻을 이루지 못하고 돌아온 박서양의 만년은 쓸쓸했다. 행복했던 백인제마저 조국의 전쟁 와중에 생의 마지막이 알려져 있지 않다.

식민지 전문가의 행복, 좁고 위태로운 길

식민지 조선의 피 끓는 의학생도들이나 청년 의사들이 선택할 수 있는 앞날에는 몇 가지 갈림길이 놓여 있었다. 어떤 이들은 동시대 스페

중일전쟁 중이던 1939년 10월, 최전선 야전병원에서 부상자를 수술 중인 노먼 베순   캐나다 출신의 의
사인 그는 스페인내전과 중일전쟁에 참가해 부상자 치료에 앞장섰고, 공중의료 개혁에도 앞
장섰다. 저 사진이 찍힌 지 얼마 후 부상자 수술 중 감염으로 1939년 11월 12일 숨졌다.

인내전과 중국혁명에 동참하여 민중과 하나가 된 캐나다 출신 의사 노
먼 베순(Norman Bethune)의 길을 걸었다. 또 다른 일부는 이국에서 체
게바라(Che Guevara)의 길을 앞서 개척해나갔다. 아니, 노먼 베순이나
체 게바라가 이들의 길을 걸었다고 해도 좋겠다. 어느 쪽이든 웬만한
결단으로는 선택하기 어려운 길이다.

　반면 대부분의 의사들은 민족의 건강 증진이라는 직업적 소명의 실
현, 전문 지식인으로서 사회적 명예 획득, 신흥 부르주아계급으로서 경
제적 성공이 조화되는 길을 걸었다. 명분도 실리도 다 얻을 성싶은 길

이었다. 바로 유상규가 걸어간 길이다. 물론 유상규만큼 열심히 살기도 쉽지 않다. 대다수는 그나마의 명분도 잊은 채 그저 범속한 직업인으로 살아갔을 것이다. 유상규의 삶은, 인생을 걸고 비타협적 독립운동을 할 엄두를 내지 못하던 식민지 조선의 범속한 의사들 대다수가 이념적으로 좋은 삶이라고 인정할 만했다. 보통의 욕망과 평범한 양심을 지닌 의사들이 어느 정도는 가치가 있으면서도 행복하고 바람직한 삶이라고 생각할 만한 인생, 그러니까 어떤 '전형으로서의 삶'이었다.

그 전형적 의사 유상규가 식민지 조선의 민중과 맺은 열정적이면서도 불편한 관계를 다시 떠올려보자. 유상규는 자신이 사랑하는 조선의 민중이 개돼지처럼 한심해 보여서 슬프고 노여웠다. 그 노여움을 품고서 민중에 헌신했다. 그 속이 썩어들어갔을지도 모른다. 선각한 엘리트가 민중을 보면서 느끼게 되는 내면의 갈등은 보편적인 것이다.

식민지에서 의사와 의학, 그리고 민중과의 관계라는 문제에 대해서라면 그 누구보다도 치열하게 고민했을 프란츠 파농의 목소리에 다시 귀를 기울이게 된다. 그는 식민지의 원주민 출신 의사와 그의 동족 민중이 빠져드는 복잡한 관계를 이렇게 분석한다. "식민지인들은 자기 인종의 성공을 자랑스러워하면서도 동시에 이 기술자를 인정하지 않는다." 식민지인 의사는 자기 민족 중 누구라도 이런 사람이 될 만한 능력이 있다는 살아있는 증거지만, 동시에 그는 "주인님의 습관을 획득"한 자로서 더 이상 피지배 사회의 일부로 간주되지 않는다. 이것은 '복잡한 양가감정'이다. 식민지인 의사들은 이런 원주민들이 답답하고 한심했던 것이다. 전통의학이나 주술적 치료에 대한 원주민들의 맹신을 공격할 때면 식민지인 의사들이 식민주의자들보다 종종 훨씬 공격적이었다. 더욱 화가 난 탓이다. 마치 유상규가 그랬듯이. 실제로 일제 시기에 전통 한의학과 그것을 신봉하는 일반 민중에 대해서는 조선인 의사들이 가장 심하게 비판했다. 양자가 종종 불화에 빠지는 이유다.

조국을 떠나지 않았던 의사들은 어쩔 수 없이 식민지의 체제 안에, 그 질서 안에 남는 길을 선택했다. 그들은 일본인 의사 및 행정가들과 함께 식민지 위생행정의 일부분을 구성했다. 백인제는 관립 경성의전의 외과 주임교수까지 승진했다. 일본인 의사들로 이루어진 조선의학회의 회원이었으며, 거기서 상도 받았다. 그가 개업한 병원은 의전 스승인 우에무라의 병원을 인수한 것이었다. 그런 까닭이겠지만 그의 병원은 일본인이 많이 거주하는 지역에 자리했고, 환자 중에는 일본인이 많았다. 그는 일본인 의사들과 무척 잘 지냈는데, 인품 덕이기도 했지만 워낙 친밀히 교류해왔기 때문이기도 했다.

유상규가 죽었을 때 경성의전은 학교장으로 장례를 치렀고, 유상규의 일본인 지도교수 오사와가 조사를 낭독했다. 조수 대표로 조사 낭독에 나선 이도 일본인이었다. 평양의학강습소 출신으로 학벌이 변변치 않았던 공병우가 기초의학 연구에 뜻을 두고 경성의전 미생물학 교실에 무급 견습생으로 있을 때 스승이 유일준이었다. 유상규가 백인제와 함께 칭송한 그 유일준 말이다. 유일준은 "공병우 군이 의학전문학교만 나왔어도 놓치고 싶지 않은데…" 하며 안타까워했다. 출신이 마음에 걸렸던 것이다. 공병우에게 일본 유학을 주선하며 의사로서 성공의 길을 열어준 스승은 정작 일본인 교수들이었다.

다른 의사들이라고 해서 상황이 크게 다르지는 않았다. 민족은 다르지만 그들은 의사로서 동료이고 스승과 제자 사이였으니 이상할 것도 없는 일이었다. 개업의로서 경쟁 상황도 있었고 관립의원 취직 차별 같은 문제도 있었지만, 그래도 그들은 다 함께 식민지의 특권 전문가 계급이었다. 이윽고 조선인 의사들은 마치 피지배 사회에 속하지 않는 별개 부류처럼 보이게 되었다. 적지 않은 의사들이 제 몸을 아끼지 않고 민중을 돌보았지만, 더 많은 의사들이, 때로는 바로 그 의사들이 일본인 의사처럼 이해관계를 갖고 자기 민족을 대했다. 같은 민족에게 당하니 조선인 환자와 그 가족들은 더욱 서러웠다.

이 불화가 극복될 가능성이 있을까? 다시 한번 파농이 우리에게 들려주는 알제리 해방전쟁의 서사에 귀를 기울여보자. 1954년 알제리 민족해방전선이 독립전쟁을 시작한 후, 프랑스 식민당국은 약품을 판매할 때 신원을 확인하도록 강제했다. 심지어 알콜조차 누가 사용하는지 확인하지 않으면 판매할 수 없게 했다. 부상자 치료를 막고 약품마저 무기로 삼는 잔인한 식민주의자들이었다. 의료는 말 그대로 전쟁 그 자체가 되었다. 알제리 민족해방전선은 해방구에서 의사, 의대생, 간호사 들에게 전투원과 결합하라는 명령을 내렸다. 수많은 의료인이 이 명령에 호응하여 전선에 합류했다. 지도자들과 의사들이 함께 회의를 열어 긴급한 보건 의료 문제를 결정했다. "이전에 점령자의 사절로 간주되었던 알제리인 의사, 즉 원주민 의사는 집단 속으로 재통합되었다. 알제리인 의사는 알제리 전체의 일부가 되었다." 지배자에 속하는 것처럼 보이던 의사들이 싸움에 동참하면서 혁명적 연대가 가능해지자 알제리 민중은 미신적 주술을 버리고 의사들에게 자신의 몸을 의탁하기 시작했다. "그들은 더 이상 '그' 의사가 아니라 '우리의' 의사, '우리의' 기술자가 되었다." 의사들이 같은 편이라는 신뢰 속에서 그들의 과학도 받아들여졌다.

식민지 조선에서 무장투쟁이 일어났다면 저들도 '우리의' 의사가 되어 합류했을까? 부질없는 상상이다. 다만 이런 생각을 해볼 수는 있겠다. 식민지의 의사들은 근대 신문명의 개척자이자 민족의 엘리트이면서 동시에 식민지 지배체제의 일원이고 부상하는 전문직이었다. 이 어울리지 않는 정체성의 조합 속에서 이들에게는 문명의 이행을 선도한다는 자부심과 경제적 성공의 소망이, 병든 동족에 대한 연민과 무지한 동족에 대한 불신이 어지러이 교차했다.

식민지근대의 '전형적 의사'는 저 젊었던 날, 독립운동 대신 의사의 길을 걷겠다고 결심했을 때의 초심을 끝까지 지키기가 너무나 힘들었다. 신명을 바쳐야 할 상대인 민중과 불화하니 삶의 내면이 행복했을까? 속을 알 수야 없는 노릇이지만 짐작은 간다. 의사들에게만 책임을 묻기는 어려운데, 그렇다고 식민지 최고 엘리트들에게 책임이 없다 하기도 어렵다. 식민지에서 안정적 전문직의 길을 걸으며, 양심도 지키고 또 행복해지기가 이렇게 어려웠다. 조국의 독립이라는 근본적 변혁의 꿈이, 이미 젊은 날 저버리고 억압해버린 꿈이 끊임없이 회귀해왔던 탓이다. 민중의 비난이라는 증상의 옷을 입고 끊임없이 돌아와 마음을 어지럽혔던 탓이다.

4장

프랑스와 독일의 과거사 청산
: 역사에는 단판 승부가 없다

로버트 카파, 〈샤르트르의 여인〉

과거사 청산을 잘한 프랑스와 독일?

삭발한 여인이 갓난아이를 안고 거리를 걷고 있다. 거리를 메운 사람들이 함께 걸으며 그녀를 바라본다. 전설적인 종군사진기자 로버트 카파(Robert Capa)의 사진 〈샤르트르의 여인(The Shaved Woman of Chartres)〉이다. 카파는 이 사진을 1944년 8월 16일, 파리 인근의 도시 샤르트르에서 찍었다. 연합군이 노르망디에 상륙한 D-day가 6월 6일이고 파리 해방 전투가 8월 19일부터였으니, 파리로 가는 길목에 위치한 이 도시는 이제 막 해방된 상태였을 것이다.

사람들은 해방의 기쁨을 다 누리기도 전에 나치 협력자들을 응징하기 시작했다. 사진 속 여인은 독일군의 아이를 낳은 여성이다. 점령 중 독일군과 관계 맺은 여성들, 독일 점령 기관에서 일한 여성들이 이런 일을 겪었다. 공개적으로 삭발당하고 조리돌림을 당했다. 침략자들에게 협력했다는 죄목으로 치욕을 당했다.

여성들에 대한 이 모욕적인 공개 보복은 여성혐오 행위라는 맥락에서 해석될 수도 있겠다. 이것도 큰 논쟁거리겠지만 여기서는 논점이 아니다. 나치에 협력한 많은 남성은 아예 즉결 처분됐다. 임시정부 수립 전에 재판 없이 약식 처형된 대독협력자의 숫자만 1만여 명에 달한다고 알려진다. 친일파 한 명을 제대로 처벌하지 못한 한국인의 입장에서 보면 프랑스의 나치 잔재 청산은 정말 철저했다. 그래서 곧잘 본받아야 할 모범으로 간주된다.

과거사 청산과 관련해서 프랑스와 독일, 한국과 일본은 자주 비교

대상이 된다. 프랑스는 대독협력자들을 엄격하게 처벌했다. 독일은 나치 잔당을 엄벌하고 끊임없이 사죄하며 배상해왔다. 반면 한국은 친일파를 처벌하기는커녕 오히려 친일파들이 주류 기득권이 되었다. 일본은 아직도 제대로 된 사과는 고사하고 툭하면 침략을 미화한다. 그 결과 프랑스와 독일은 원한 가득한 과거를 극복하고 가장 신뢰하는 동반자가 된 반면, 한국과 일본은 여전히 가깝고도 먼 나라, 반일과 혐한이 서로를 자극하고 정당화하는, 없느니만 못한 이웃이 되어 있다.

여기까지가 대략의 상식이다. 이제부터 이 상식에 의문을 제기하려 한다. 한국과 일본보다 낫다고 해서 문제가 없었을 리 있겠는가? 결론부터 말하자면 프랑스와 독일에서도 과거사 청산은 제대로 이뤄지지 않았다. 대신 철저한 청산이 수행되었다는 '신화'가 자리 잡았다. 심지어 기만적인 면까지 있었다. 신화와 사실이 충돌할 때마다 계속 후유증이 발생했고 사회는 분열됐다. 나치점령기 대독협력의 성격에 대해 비판한 『비시 신드롬』의 저자인 역사학자 앙리 루소(Henry Rousso)는 1945년에 망각됐던 범죄와 희생자들이 1990년대에 와서야 제대로 인식되기 시작했다고 비판한다. 독일도 비슷했다. 프랑스나 독일에서조차 역사에는 단판 승부가 없었다.

프랑스와 독일에서도 과거사 청산이 쉽지 않았다면서 과거사 청산 자체에 냉소하는 사람들이 있다. 내 생각은 반대다. 두 나라의 사례는 과거사 청산이 결코 한 번에 끝날 수 없고, 오랫동안 지속되어야 할 현재진행형의 과제임을 보여주는 증거다. 과거사 청산은 한쪽이 완승하는 흑백논리의 게임일 수도 없지만, 모든 것이 회색이라는 허무주의로 귀결되어서도 안 된다. 흑과 백이 모두 잘못이라고 회색으로 얼버무려서는 안 된다. 복잡한 명암과 콘트라스트를 드러내야 한다. 그래서 과거사 청산은 한 번에 끝나지 않고 계속 반복될 수밖에 없다. 끝났다고 생각했을 때 새로운 청산의 과제가 나타난다. 청산의 대상은 공인된 극소수 매국노부터 우리 자신이 당연시해온 구조들, 혹은 우리 속에 잠재해 있는 욕망과 습성까지로 확장될 수 있다. 과거사 청산이 심화될수록 그 화살은 우리 자신의 어두운 내면으로 향한다. 그래서 분노로는 충분하지 않다. 나 자신의 어둠을 직시할 용기가 필요하다.

한국–일본과 프랑스–독일 관계를 비교해 보면

과거사 청산이라는 점에서 프랑스–독일 관계는 한국–일본 관계와 꽤나 유사하다. 우선 인접한 역사적 라이벌 사이에서 강점이 이뤄졌다. 강점은 어느 경우에나 치욕이지만 이렇게 라이벌 관계의 국가에서는 최악의 역사적 트라우마가 된다. 실제로 우월했는지 여부와는 별개로 한국인과 프랑스인 모두 역사적으로 일본과 독일에 대해 우월감을 가졌다. 그래서 더 깊은 치욕이 된다.

프랑스인의 치욕감에 대해 생각해보자. 프랑스는 근대 이래 유럽 대륙의 중심을 자처했고 독일을 오랫동안 후진 지역으로 여겼다. 독일이 국민국가로 통일된 때가 겨우 1871년이었음을 상기해보라. 그런 독일에게 불과 6주 만에 패전하고 4년간 점령당했다는 사실은 자부심 강한 프랑스인들로서는 믿기 힘든 치욕이었다. 뤼시앵 페브르(Lucien Febvre)와 함께 20세기의 중요한 역사학파인 아날학파를 창시한 마르크 블로크(Marc Bloch)가 『이상한 패배』라는 제목으로 참전 군인의 시점에서 그 원인을 고통스럽게 추적한 이유였다.

한국과 프랑스 두 나라 모두에서 점령국에 대한 협력 행위가 광범위하게 발생했다는 점도 공통적이다. 한국의 친일파처럼 프랑스에서도 대독협력이 상당했다. 아니, 한국보다 더 대규모에 더 체계적이었다고도 할 수 있다. 나치 독일과 휴전협정을 조인한 뒤 프랑스는 독일군이 직접 통치하는 북부와 비시(Vichy)를 수도로 한 남부의 '괴뢰정부'로 분단됐다. 정부 자체가 친독협력정책을 추진했으니 협력의 규모가 훨씬 방대했다.

해방 이후 두 나라에서는 과거사 청산이 지상 과제로 대두했다. 차이는 여기서 벌어졌다. 한국에서는 친일파 처벌이 사실상 전무했던 반면, 프랑스에서는 대독협력자 처벌이 철저히 진행되었다(뒤에서 밝히겠지만 이것은 '신화'에 가깝다). 이렇게 큰 차이가 발생한 이유는 무엇일까? 세 가지만 꼽아본다.

첫째, 점령 기간의 차이다. 한국은 통감부 시절까지 포함하면 40여 년간 식민 지배를 당했다. 이에 반해 프랑스는 4년에 그쳤다. 한국은 식민 통치가 장기화되면서 어디까지가 일상행위이고 어디부터가 친일협력 행위인지 불분명해졌다. 그러나 프랑스에서 대독협력 행위는 상대적으로 분명했다.

둘째, 해방 이후 협력자들의 사회적 위상도 달랐다. 한국에서는 친일

협력자들이 사회의 기득권 세력으로 공고하게 자리를 잡았다. 해방 후 국가 건설과 운영 과정에서 이들을 완전히 배제하기가 어려웠다. 김구 조차 친일파의 협력을 외면할 수 없었다. 북한도 크게 다르지 않았다. 반면 프랑스의 4년은 정당정치에서 통상적인 정권 교체 기간 정도밖에 되지 않는 짧은 기간이다. 대독협력자를 처벌하고 배제한다고 해서 국가 운영에 큰 공백이 생길 가능성은 낮았다.

셋째, 양국의 해방은 모두 연합국 승리의 부산물이었지만 차이도 있었다. 한국은 해방 과정에서 실질적인 무력 기여가 없었던 반면, 프랑스의 해방에는 레지스탕스의 활동과 자유프랑스군의 전투가 일정 부분 기여했다. 프랑스는 연합국의 일원으로 인정받았다. 자체 무력을 지닌 해방운동 세력이 권력을 잡고 정부를 수립한 프랑스에서는 즉각적이고 단호한 숙청이 용이했다. 반면 미·소의 군정이 수립되고 독립운동 세력이 정국 주도권을 장악하기 어려웠던 한국에서는 친일 세력이 다시 득세할 수 있는 구조적 환경이 형성되었다.

레지스탕스의 나라 프랑스라는 신화

실제 프랑스에서 대독협력자 처벌 등 과거사 청산은 어떻게 진행됐을까? 앙리 루소와 로버트 팩스턴(Robert Paxton), 이용우 등의 연구 성과를 따라가보자. 1944년 8월 25일 해방 직후부터 이듬해 4월까지 전국에서 12만 6,020명이 대독협력 혐의로 체포됐다. 12만 4,613명이 재판을 받고, 그중 6,763명이 사형을, 2,702명이 종신형을 선고받았다. 하지만 실제로 사형 집행된 인원은 767명에 그쳤다. 3,910명은 애초에 탈출했던 까닭에 피고인이 없는 상태의 궐석재판에서 사형이 선고됐고, 나머지는 감형된 결과다. 물론 해방 초기에 약식 처형된 1만여 명은 제외한 숫자다. 징역형을 선고받은 사람은 9만 8,000여 명이었다. 그 외에도 다양한 제재가 가해졌다. 511명의 정치인이 피선거권을 박탈당했고, 7만여 명이 시민권을 박탈당했으며, 비시 정부에 복무한 12만여 명의 공무원이 파면됐다. 대독협력 행위를 한 문인은 작품 발표가 금지됐다. 대독협력 언론사들은 폐간됐고, 협력한 노조 지도자들은 노조에서 추방됐다. 르노와 에어프랑스 등 나치에 협력한 기업들은 국유화되었으며 기업가들은 처벌받았다. 언론인과 문인들이 가장 강력한 숙청 대상이 됐다. 많은 언론인과 작가들이 사형이나 종신형 등 중형을 선고받았다. 출판한 글들이 확실한 증거가 된 탓에 처벌도 쉬웠다.

비시 정부의 요인들도 중형을 면할 수 없었다. 비시 정부의 국가원수 필리프 페탱(Philippe Pétain)은 사형선고를 받았다가 종신형으로 감형됐다. 89세의 고령이라는 점이 감안됐지만, 1차 세계대전 승전의 영웅이라는 점도 작용했다. 대서양의 고도에 수감된 후 95세에 사망했다. 또한 비시 정부의 2인자이자 정부 수반이었던 총리 피에르 라발(Pierre Laval)을 포함하여 18명에게 사형이 선고됐다. 그중 10명은 끝내 잡히지 않았다. 결국 사형이 집행된 정부 요인은 라발을 포함한 3명이었다.

이들은 어떤 법률에 의거하여 어떤 죄목으로 처벌받았을까? 형벌 불소급의 원칙에 따라 임시정부가 새로 법률을 만들어 처벌할 수는 없었다. 그래서 비시 정부 이전 제3공화국의 법률을 적용했다. 적과의 내통(1939년 수정형법 75조), 적과의 협력을 포함한 많은 죄목(75~86조 사이)으로 처벌했다.

이 과정에서 기존 형법으로는 처벌할 수 없는 명백한 대독협력 행위들이 쟁점으로 떠올랐다. 새로운 법률이 필요하다는 인식이 확산됐다. 임시정부는 과감하게 '국가의 수치(l'indignité nationale)'라는 새로운 개념을 도입했다. 국치의 범죄는 '정치적 정의'의 영역에 속하는 것이어서 형벌 불소급 원칙이 적용되지 않는다고 선언했다. "1940년 6월 16일 이후 프랑스 국내외에서 자발적으로 독일이나 그 동맹국들에게 직간접적으로 도움을 주었거나 국민 통합 또는 프랑스인의 자유와 평등에 해를 끼쳤다는 죄가 인정된 프랑스인은 …… 국치죄를 지은 것"으로 규정됐다.

비시 정부의 공무원 12만여 명도 모두 파면했다. 구체적인 대독협력 행위가 없어도 자동으로 파면하고 공민권을 박탈했다. 한국의 과거사 청산과 뚜렷이 대조된다. 역시 프랑스구나, 하고 생각하게 되는 지점이다. 이런 놀라움과는 별개로 이들을 처벌하는 데는 어려움이 있었다. '정부의 공무에 종사하면서 지시에 따라 일한 사람들을 과연 처벌할 수 있는가?'라는 의문이 제기될 수밖에 없기 때문이다.

프랑스는 비시 정부에 대해 정부를 참칭한 괴뢰 집단, 불법 집단으로 규정함으로써 이 문제를 해결했다. 이를 위해 임시정부는 프랑스와 독일 사이의 휴전 성립을 인정하지 않기로 했다. 드골(Charles de

Gaulle)이 1940년 6월부터 대독 항전의 지속을 선언한 이상 휴전은 성립하지 않은 것이었다. 휴전이 불법인 한 휴전협정에 기반한 비시 정부도 불법 정부였다. 휴전이 불법인 한 전쟁 지속 상황에서 레지스탕스 대원들을 독일-비시 군경에 넘겨주거나 연합국에 대항한 행위는 모두 국방에 해로운 행위로 규정됐다. 비시 정부 자체가 불법 정부였으므로 거기에 종사한 공무원들이 명령을 수행한 데 따른 면책 권리 역시 부정됐다. 이렇게 임시정부는 비시 정부의 공무원 전원을 파면하고 처벌하는 데 성공할 수 있었다.

비시 정부 불법화를 통해 숨기려 했던 것

하지만 비시 정부를 그렇게 손쉽게 괴뢰·불법 정부라고 단정할 수 있을까? 패전의 그림자가 드리우던 1940년 5월과 6월에 프랑스 정부 안에서는 휴전파와 항전파가 대립하고 있었다. 휴전파의 지도자가 총리 페탱이고, 항전파의 대표 격이 국방부 차관 샤를 드골이었다. 휴전파가 승리하자 드골은 영국으로 가서 망명정부인 자유프랑스를 세운다. 이후 프랑스 정부는 독일과 휴전했고 남부 지역이나마 통치하게 됐다.

휴전협정 체결, 그리고 페탱에게 국가원수로서 전권을 위임한다는 결의는 당시 프랑스 상하 양원 총회에서 압도적인 지지(찬성 569표, 반대 80표, 기권 17표)로 통과됐다. 의회는 신헌법을 제정해서 프랑스공화국(République française)을 폐지하고 페탱을 국가원수로 하는 프랑스국(État français)을 수립했다. 일련의 과정은 합법적인 절차를 거쳤다. 심지어 압도적인 지지를 받았다. 비시 정부가 법적 정통성 없이 정부를 참칭한 괴뢰 집단이라고 보기 어려운 이유다.

해외 식민지들은 자유프랑스 대신 비시 정부를 정통으로 인정했다. 많은 나라가 비시 정부를 승인했다. 초기엔 미국조차 비시 정부를 승인했다. 비시에는 미국대사가 주재했고, 그 대사는 종종 페탱과 협상했다. 페탱은 적극적 대독협력주의자인 라발 총리가 독일과 독자적으로 교섭했다며 해임한 적도 있고, 비밀리에 런던으로 특사를 파견하기도 했다. 알제리 주둔 프랑스군을 연합군에 가담시키려는 비밀공작을 진행하기도 했다. 독일의 압력으로 라발을 다시 총리로 복직시킬 수밖에 없었다는 점에서는 어쩔 수 없이 독일의 영향력 아래 있었지만, 독일의 압박에도 불구하고 물러나지 않고 끝까지 국가원수 자리를 지켰다는 점에서는 그의 정부를 한낱 괴뢰로만 보기 어렵다. 물론 운신의 폭은 점점 좁아졌다. 특히 1942년 독일이 비시 정부의 통치 지역마저 점령하고 난 뒤에는 할 수 있는 일이 별로 없었다. 후일 대통령이 된 프랑수아 미테랑(François Mitterrand)이 비시 정부에 참여했다가 레지스탕스로 돌아선 것도 이런 상황의 변화 때문이었다.

자, 이제 다시 문제로 돌아와보자. 비시 정부는 국민을 대표하는 의회의 압도적인 지지 위에 합법적인 절차를 거쳐 조직됐다. 식민지와 외국으로부터 인정받은 정부이기도 했다. 굴욕적이기는 해도 불법 정부는 아니라는 말이다. 이 정부의 소속 공무원으로서 지시에 따라 수행한 공무가 사후의 잣대로 처벌받을 수 있는가라는 의문이 충분히 제기될 법하다.

레지스탕스의 신화는 이 딜레마를 해결하는 묘수였다. 임시정부는 프랑스 국민 절대다수가 나치에 반대하고, 비시 정부를 인정하지 않았으며, 용기 있는 이들은 목숨 걸고 레지스탕스 투쟁에 나섰다는 영웅 서사를 밀어붙였다. 물론 레지스탕스의 영웅적 투쟁은 사실이었다. 앞에서 언급한 역사학자 마르크 블로크도 책을 쓴 후 총을 들고 레지스탕스로 나섰다가 비밀경찰에 잡혀 총살됐다. 전국레지스탕스평의회 건설을 주도한 영웅 장 물랭(Jean Moulin)은 악랄한 고문 끝에 죽었다. 이들의 항쟁은 나치에 맞선 투쟁이면서, 나치에 협력한 비시체제에 대한 투쟁이기도 했다. 약간의 예외를 제외하면 레지스탕스가 직접 싸운 상대는 나치가 아니라 비시 정부의 민병대 밀리스(Milice)였다. 차라리 내전에 가까웠다.

임시정부와 뒤이어 들어선 드골의 제4공화국 정부는 이 내전의 기억을 억압했다. 비시체제의 존재와 영향력을 실제보다 극도로 축소했다. 반면 레지스탕스의 전과는 실제보다 훨씬 과장하고 레지스탕스 내부의 복잡다단한 구성과 갈등은 묻었다. 많은 여성 투사가 있었지만, 영웅은 남성의 몫이 되었다. 이탈리아와 스페인의 반파시스트가 함께 싸웠지만, 국제 협력의 기억 역시 묻혔다. 아프리카 식민지 출신 레지스탕스의 희생 또한 기억되지 않았다.

레지스탕스는 '순수한' 프랑스인 남성들의 영웅 이야기가 되었다. 레지스탕스는, 프랑스 사회 내외부의 모든 모순과 갈등을 은폐하고 박제한 채 순백의 기념비가 되었다. '드골레지스탕스주의'의 깃발 아래 프랑스 국민 전체가 레지스탕스와 동일시되었다. 순결한 프랑스 국민 전체가 레지스탕스가 되어 나치 독일과 극소수 비시 부역자들에 맞서 싸웠다는 가슴 벅찬 서사가 새로운 건국신화로 등장했다. 그것은 드골의 정치적 신념임과 동시에 전략이었다. 이로써 드골은 레지스탕스를 주도한 좌파, 특히 공산주의자들의 공을 가로채고, 비시체제에 가담했던 여러 세력의 지지를 얻을 수 있었다. 드골은 1951년과 1953년, 두 차례에 걸친 대규모 사면으로 과거사 청산의 종결을 선언했다. 화해와 용서의 시대가 선언되었다.

다시 시작되는 과거사 논쟁: 클라우스 바르비의 경우

그로부터 10년도 더 지난 1964년, 다시 문제가 불거지기 시작했다. 이해에 프랑스 의회는 인종적 종교적 이유로 박해와 절멸을 꾀한 반인류 범죄에 대해 공소시효를 없애는 법안을 만장일치로 통과시켰다. 그 유명한 아이히만 재판과 아우슈비츠 재판이 낳은 조치였다. 1960년 유태인 학살의 실무 책임자였던 아돌프 아이히만(Adolf Eichmann)이 체포되었고, 이듬해인 1961년부터 예루살렘에서 역사적인 재판이 진행됐다. 1963년에는 프랑크푸르트에서 열린 아우슈비츠 재판을 통해 대학살의 실체가 적나라하게 폭로됐다. 나치의 반인류 범죄에 대한 경각심이 높아지고 있었다. 게다가 1964년은 프랑스에서 나치의 점령이 끝난

지 20주년이 되는 해이기도 했다. 전쟁범죄의 공소시효 20년이 만료되기 전에 무언가 조치가 필요했다. 공소시효는 사라졌지만 실제 처벌에는 많은 시간이 걸렸다.

이 법으로 기소된 최초의 인물은 1983년에야 프랑스 법정에 선 독일인 클라우스 바르비(Klaus Barbie)였다. 그는 나치 친위대 대위로서 1942년에 프랑스 리옹 지역의 게슈타포 책임자가 됐다. '리옹의 도살자'로 악명 높았다. 레지스탕스와 유태인 탄압 과정에서 어린아이까지 서슴지 않고 고문했다. 레지스탕스 지도자 장 물랭이 그에게 체포되어 고문 끝에 죽었다. 약 1만 4,000명의 죽음에 직접 책임이 있었다.

전후戰後 바르비는 체포되기는커녕 서독 지역의 미군 방첩부대 요원으로 채용되어 보호를 받았다. 프랑스 정부가 송환을 요구했지만 미국은 거절했다. 미국 측에서 볼 때 바르비는 프랑스 각계에 존재하는 공산주의자들에 대한 좋은 정보원이었다. 1951년 미국과 바티칸의 협조 아래 바르비는 볼리비아로 탈출했다. 프랑스 법원은 1952년과 1954년의 궐석재판에서 그에게 사형을 선고했다. 볼리비아에서 바르비는 독재정권의 정보 요원이 되어 반체제민주화운동 탄압에 종사했다. 1965년 이후에는 서독 해외정보부 요원으로도 활동했다.

1972년 프랑스 한 언론이 바르비의 존재를 폭로했다. 프랑스 정부가 볼리비아에 그의 송환을 요구했지만 볼리비아 정권은 거부했다. 1983년, 볼리비아에서 독재정권이 무너진 다음에야 송환됐다.

바르비 재판이 중요한 이유는 프랑스 파기원(민형사 재판상의 대법원)이 유죄 선고의 근거로 제시한 '이데올로기적 헤게모니 정책을 수행하는 국가'라는 개념 때문이다. 처음에 검사는 민간인인 유태인들에 대한 바르비의 범죄는 반인륜 범죄로 기소하면서도, 레지스탕스 대원에 대한 행위는 전쟁범죄의 공소시효 20년이 지났다며 기소하지 않았다. 레지스탕스는 민간인이 아니라 자발적 전투원이므로 그들에 대한 체포·고문·살해는 공소시효 없는 반인륜 범죄가 아니라는 해석이었다.

여론이 분노했다. 결국 파기원은 반인륜 범죄의 개념 자체를 재해석했다. 즉, 반인륜 범죄는 희생자가 특정한 인종적 종교적 집단에 속한다는 이유로 가해지는 박해뿐만 아니라, '이데올로기적 헤게모니 정책을 수행하는 국가의 헤게모니 정책에 대한 적대자들에게 가해진 행위'로 재정의되었다. 요컨대 반인륜 범죄가 유태인과 같은 희생자의 정체성으로만 규정되지 않고, 반유태주의를 포함하여 파시즘 이데올로기를 수행한 (나치) 국가의 특성에 의해 재규정된 것이다.

바르비는 1987년에 종신형을 선고받았다. 자신이 수많은 사람을 죽음으로 보냈던 리옹에서 복역하다가 1991년에 암으로 세상을 떠났다.

폴 투비에, 거짓에 기초한 단죄

프랑스인으로서 반인륜 범죄로 처음 처벌된 인물은 비시 정부의 민병대 소속 폴 투비에(Paul Touvier)다. 그도 리옹에서 활약했다. 투비에는 극우 성향의 가톨릭 집안에서 자랐다. 1943년 비시 정부가 창설한 민병대에 입대하여 재능을 발휘하면서 리옹 지역의 책임자가 됐다. 투비에는 유태인들을 직접 체포하고 처형했으며 아우슈비츠 수용소로도 보냈다. 유태교 성전인 시너고그에 수류탄을 투척하기도 했다. 유태인의 재산을 몰수하여 제 것으로 만드는 데도 열심이었다. 그는 악당이었다.

해방 후 투비에는 몸을 숨겼다. 1946년과 1947년, 그가 빠진 두 차례 궐석재판에서 사형이 선고됐다. 놀랍게도 그는 프랑스 안에서 1989년까지 안전하게 지냈다. 가톨릭교회의 보호를 받으며 가족과 함께 살았다. 1972년에 그는 다시 여론의 주목을 끌게 된다. 그 전해에 가톨릭 고위 성직자들이 조르주 퐁피두(Georges Pompidou) 대통령에게 투비에의 사면을 건의했고, 퐁피두는 받아들였다. 모든 과정은 비밀에 부쳐졌다. 이듬해 한 언론이 이 사실을 폭로하자 격렬한 비판과 시위가 일어났다. 퐁피두가 이제는 그 '어두운 시대'를 잊자며 호소했지만, 반발은 가라앉지 않았다.

1973년 희생자의 자녀들이 투비에를 반인륜 범죄로 고소했다. 하지만 법원은 자기들에게 그에 대한 권한이 없다고 선언했고, 파리 항소법원은 공소시효가 끝났다고 선언했다. 그사이 투비에는 가족을 떠나 수도원을 옮겨 다니며 도피했다. 투비에는 자기 문제를 정쟁화했다. 자신을 공산주의에 맞서 기독교를 지키고자 민병대에 들어간 인물로, 이제 공산주의의 박해에 핍박받는 희생자로 묘사했다.

마침내 1989년 니스의 한 수도원에서 투비에가 체포됐다. 처벌은 쉽지 않았다. 1991년 파리 항소법원은 보석을 허가했다가 강력한 항의에 취소했다. 1992년 4월 항소법원은 아예 면소 판결을 내렸다. 이유는 1987년 바르비에게 반인륜 범죄 유죄 선고를 내렸던 바로 그 조항, 즉 '이데올로기적 헤게모니 정책을 수행하는 국가'라는 규정과 관련되었다. 법원은 투비에의 민병대가 소속되어 있던 국가, 즉 비시 프랑스가 나치 독일과는 달리 하나의 명확한 이데올로기에 의해 지배된 것이 아니라 '선의와 정치적 증오의 집합체'였다고 보았다. 비시체제가 '이데올로기적 헤게모니 정책을 수행하는 국가'가 아닌 한, 그 소속 민병대 간부로서 투비에가 저지른 행위도 반인륜 범죄가 될 수 없었다. 즉, 단지 전쟁범죄일 뿐인 그의 죄악은 이미 공소시효를 넘겼다는 것이다.

이 결정은 엄청난 반발을 불러일으켰다. 결국 파기원은 결정을 번복했다. 파기원은 투비에가 7명의 유태인을 사살한 1944년의 한 사건을 문제 삼았다. 파기원은 이 살해가 '이데올로기적 헤게모니 정책을 수행한 국가'인 나치 독일의 범죄 조직 게슈타포의 교사로 이루어졌다고 판결했다. 투비에는 1994년 3월에 반인륜 범죄로 기소되었고 4월에 종신형을 선고받았다. 이듬해 그의 두 아들이 자크 시라크(Jacques Chirac) 대통령에게 건강을 이유로 사면을 요청했지만 거절됐다. 투비에는 1996년 7월 17일, 전립선암으로 감옥에서 사망했다.

투비에 사건은 몇 가지 점에서 프랑스 과거사 청산 과정의 어두운 면을 폭로한다. 첫째, 투비에는 프랑스에서 45년간 생활할 수 있었다. 그의 장기 도피에는 가톨릭교회를 비롯한 우파의 도움이 절대적이었다. 프랑스의 주류가 과거사 청산에 철저했다는 것은 신화다. 투비에 자신이 논쟁을 끊임없이 이념 대립으로 몰고 갔다.

둘째, 투비에를 반인륜 범죄로 처벌하기가 무척 어려웠다. 투비에 처

벌은 비시체제의 성격을 어떻게 볼 것인가라는 파괴적인 질문과 관련
되었다. 파기원은 편법을 썼고 거짓에 눈감았다. 파기원은 투비에가
비시 정부의 일원으로서가 아니라 나치 게슈타포의 교사에 따랐다며
그의 행위를 반인륜 범죄로 규정했다. 비시 프랑스를 이데올로기적 헤
게모니 정책을 수행하는 국가로 볼 것인지는 명확하게 판단하지 않았
다. 편법이었다. 아니 정확히 말하자면 거짓 판결이었다. 투비에의 유
태인 사살은 게슈타포의 교사에 따른 것이 아니라 민병대의 자발적 범
죄였다. 투비에 자신의 진술은 물론 증거들이 분명했다. 하지만 그를
반인륜 범죄로 처벌하기 위해 법원은 조사 결과를 뒤집었다. 비시 정
부를 불법 정부로 보면서도, 어떻게든 나치와 같은 파시즘 체제로 인
정하고 싶지는 않았던 것이다.

르네 부스케, 교수형에 대한 밧줄의 협력?

폴 투비에가 조무래기라면 비시 정부의 경찰 총수 르네 부스케(René
Bousquet)는 거물이었다. 절멸수용소로 보내진 프랑스 유태인 76,000
여 명 중 59,000명의 검거와 이송에 직접 책임이 있었다. 특히 13,000
여 명의 유태인을 절멸수용소로 보낸 벨디브 사건으로 악명이 높았다.
이 사건에서 부스케는 나치조차 제외했던 18세 미만의 유태인 자녀들
까지 모두 검거하도록 지시했다. 그의 생애는 프랑스 과거사 청산의
모순을 축도처럼 보여준다.

해방 후 르네 부스케는 곧 체포되었다. 사형을 피할 수 없었다. 그의 상관이던 내무부 장관 피에르 라발과 그의 후임 경찰 총수 조제프 다르낭(Joseph Darnand)은 1945년에 재판을 받고 처형됐다. 하지만 부스케 앞에 놓인 운명은 달랐다. 3년 반 동안 수감되어 있으면서 재판이 계속 지연됐다. 가석방된 다음 분위기가 꽤나 누그러진 1949년에 가서야 재판이 시작됐다.

왜 그랬을까? 그는 광신적인 반유태주의자나 파시스트라기보다는 모범적인 엘리트 공무원이었다. 스무 살 무렵이던 1930년, 프랑스 남서부 지방에 홍수가 났을 때 친구와 함께 많은 사람들을 구조한 영웅이었다. 그 공로로 프랑스 최고 등급 레지옹 도뇌르 훈장을 받았다. 이후 공직에서 승승장구하여 불과 31세에 최연소 도지사가 되었다. 정계 곳곳에 인맥이 있었고, 특히 좌파인 급진사회당 진영과도 인간관계가 깊었다.

재판에서 그는 모든 책임을 상관이던 라발에게로 돌렸다. 기막힌 수사가 동원됐다. 지시에 따라 공무를 수행했을 뿐이기에 자신이 한 일은 '교수형에 대한 밧줄의 협력'이라고 항변했다. 불가피한 피해를 최소화했다며 '번개에 대한 피뢰침의 협력'이라고도 변호했다. 재판부는 궤변을 수용했다. 비시 정부 구성원에게 자동으로 부과되는 공민권 박탈형 5년만 선고받았다. 그마저 레지스탕스 지원과 프랑스 경찰의 자율성을 위해 노력한 공로를 이유로 곧 면제받았다.

그가 프랑스 경찰의 자율성을 위해 노력한 것은 사실이었다. 나치 친위대의 프랑스 치안 책임자 카를 오베르크(Karl Oberg)와 정식 협정을 맺어 프랑스 경찰에 상당한 자율성을 확보했다. 그 자율성을 지키겠다며 나치보다 더 심한 기준으로 유태인을 잡아들이고 절멸수용소로 보냈다. 그는 자율적으로 나치와 협력했다.

그는 경제계에서 잘나갔다. 인도차이나은행에서 부행장까지 올랐고, 몇몇 신문에도 관여했다. 항공 회사의 이사에 오르기도 했다. 1958년에는 박탈된 레지옹 도뇌르 훈장의 서훈을 회복했고, 1959년에는 사면도 받았다. 1958년에 선거에도 출마했다. 이후 사회당과 미테랑의 중요한 지지자가 되었다. 1981년 미테랑이 대통령이 되자 부스케는 엘리제궁에서 미테랑을 만나는 중요 인물 중 하나가 되었다.

1978년에 한 잡지가 폭로 기사를 냈다. 비시 정부의 유태인문제총국 국장을 지낸 후 스페인에 숨어 살던 루이 다르키에(Louis Darquier)가 프랑스 언론과의 인터뷰에서 벨디브 사건의 주모자가 부스케였다고 밝힌 것이다. 파장이 일었다. 먼저, 사건 당시 부스케가 파견한 대표 장 르게(Jean Leguay)가 반인류 범죄 혐의로 고소됐다. 하지만 르게에 대한 재판은 예심에만 10년이 걸렸고, 1989년에야 재판 회부가 결정됐다. 르게는 재판이 시작되기 직전 암으로 자연사했다.

부스케는 1986년 고소당했지만 1989년에서야 재판 회부가 결정됐다. 재판은 계속 지연됐다. 비판 여론이 일자, 사회당 정권의 법무부 장관은 시민들 사이의 불화도 고려해야 한다고 주장했다. 미테랑 대통령은 시민적 평화를 강조했다. 사회당도 우파 못지않게 과거사 청산에 미온적이었다. 결국 1993년에 가서야 재판 시작이 결정됐다. 하지만 재판 직전, 부스케는 한 정신이상자의 총격으로 사망했다. 법의 심판은 끝내 이루어지지 못했다.

모리스 파퐁, 정계에서 출세하고 천수를 누리다

부스케는 정계에 영향을 미쳤지만 복귀하지는 못했다. 비시 정부 당시 지롱드 도청 총서기로 일하면서 보르도 지역의 유태인 13세 이하 어린이 130여 명을 포함한 1,600여 명을 절멸수용소로 보낸 모리스 파퐁(Maurice Papon)은 달랐다. 해방 후 어떤 처벌도 받지 않고 승승장구했다. 어떻게 이런 일이 가능했을까?

1944년 중반, 나치의 패전이 명확해지자 파퐁은 자신의 과거를 세탁하여 미래를 바꾸기로 마음먹었다. 보르도 지역의 레지스탕스 책임자 가스통 퀴신을 만나 협력 관계를 맺었다. 이 처신 덕분에 그는 해방 후 처벌은커녕 고속 승진의 길을 걸었다. 그의 과거 이력이 문제될 때마다 레지스탕스 영웅 퀴신이 든든한 보증인이 되어주었다. 그는 무엇에도 구애받지 않은 채 랑드의 도지사로 승진하고 식민지 고위직을 거쳤다. 모로코에서는 민족주의자들을 탄압했고, 알제리에서는 고문을 자행했다.

1958년 파퐁은 파리 경찰청장에 올랐다. 드골의 재집권과 제5공화국의 출범에 중요한 역할을 수행했다. 1961년 드골은 파퐁에게 레지옹도뇌르 훈장을 수여했다. 그해 10월 파리에서 일어난 알제리인의 시위를 강경 진압했고 그 과정에서 200여 명의 사망자가 발생했다. 이듬해에는 알제리 독립을 지지하는 프랑스 노동자 아홉 명이 시위 중 경찰에 사살됐다. 모두 파퐁이 지휘했다. 그러다가 한 모로코 독립운동 지도자의 납치에 경찰이 관여한 일이 드러나면서 1967년에 결국 사임한다. 하지만 그의 출세 가도는 끝날 줄 몰랐다. 드골주의 우파 정당의 국회의원으로 여러 차례 재선되었고, 나아가 국회 재정위원장도 맡았다. 마침내 1978년에는 예산부 장관으로 경력의 정점에 올랐다.

1981년 2월, 한 역사가가 보르도의 문서고에서 비시 시절 유태인 이송 관련 문서 한 점을 발견했다. 모리스 파퐁의 서명이 선명했다. 언론이 사건을 폭로하고, 희생자 가족은 파퐁을 반인륜 범죄로 고소했다. 하지만 파퐁에게는 든든한 뒷배가 있었다. 퀴신을 비롯한 레지스탕스 출신의 '명예심사단'은 파퐁의 레지스탕스 가담을 증언하면서 유족과 맞섰다. 1983년 1월 파퐁은 결국 반인륜 범죄 혐의로 기소됐다. 그는 물러서지 않고 유족들을 명예훼손 혐의로 맞고소했다. 1997년 10월에 가서야 첫 재판이 열렸다. 첫 고소로부터 16년이 지나서였다.

파퐁의 변호인은 그가 단지 지시를 이행했을 뿐이라고 옹호했다. 구금된 유태인들에게 좋은 처우를 했다고 항변하기도 했다. 검찰 측은 이를 일축했다. 증인으로 나선 10여 명의 저명 역사학자들 또한 피고 측 주장을 반박했다. 특히 미국 역사학자로서 비시체제에 대해 중요한 연구를 수행한 로버트 팩스턴의 증언은 음미할 만하다. 팩스턴은 비시 정부가 프랑스 국적 유태인들을 보호하기 위해 외국 국적 유태인들을 독일에 넘겼다는 주장을 비판하면서, 나치 동맹국인 이탈리아는 유태인들을 보호했다는 사실과 대조했다. 비시 프랑스는 유태인 절멸에 동참했던 것이다.

1998년 4월 2일 파퐁은 반인류 범죄 공모 혐의로 10년 금고형을 선고받았다. 7명을 죽인 투비에보다 1,600여 명을 죽인 파퐁이 더 가벼운 처벌을 받았다. 재판부는 파퐁이 유태인 절멸 계획을 사전에 계획한 것은 아니라고 판단했다. 다만 그가 자행한 37명의 체포와 57명의 불법감금에 대해 공모 혐의로만 10년 금고형을 선고했다.

파퐁은 즉각 항소하고 레지스탕스 출신 인사의 도움으로 스위스로 도피했다. 스위스는 망명을 거부하고 그를 프랑스로 송환했다. 건강을 이유로 세 차례나 시라크 대통령에게 가석방을 요청했지만 매번 거부됐다. 2002년 3월, 건강이 좋지 않은 고령의 죄수에게 외부에서 치료를 허락하는 법률이 입법되었다. 그해 9월에 파퐁은 건강을 이유로 석방됐다. 92세였고, 법이 생긴 후 두 번째 수혜자였다. 말기 AIDS 환자조차 받지 못한 특혜였다. 결국 그가 감옥에 갇힌 기간은 3년이 못 됐다. 다시 자유인이 된 파퐁은 2007년 2월 17일 96세로 사망했다.

과거사 청산의 신화가 가린 감추고 싶은 진실

이렇듯 프랑스의 과거사 청산은 단호한 단절과는 거리가 멀다. 레지스탕스의 신화 아래서 우파는 물론 사회당 계열의 좌파도 과거사 청산에 머뭇거렸다. 공산당 계열만이 철저한 과거사 청산을 추구했다. 왜 그랬을까? 프랑스인 대다수가 잊고 싶은 또 다른 역사적 진실이 존재했기 때문이다. 바로 프랑스인 대다수가 비시체제와 그 유사파시즘을 지지했다는 사실이다.

앞에서 비시 정부를 단순한 괴뢰로 보기 어렵다고 지적한 바 있다. 비시의 프랑스국은 제3공화국의 헌정 질서에 따라 의회의 압도적인 지지로 성립했다. 그런데 비시 프랑스를 괴뢰로만 보기 어려운 이유가 절차적 정당성에만 있지는 않다. 더욱 근본적인 이유는 프랑스인 상당수가 비시체제를 지지했다는 데 있다.

비시체제는 프랑스 제3공화국이 지향한 공화주의·자유주의·개인주의·세속주의 같은 진보적 가치에 대한 반동의 산물이었다. 좀 더 직접적으로는 역사학자 앙리 루소가 지적하듯 1936년에 성립한 좌파 인민전선 정부에 대한 보복이었다. 비시의 프랑스국은 '자유·평등·우애'라는 프랑스혁명의 이념을 폐기하고, '노동·가족·조국'이라는 전체주의 슬로건을 내세웠다. 그리고 반동 조치들을 실행했다. 노동조합과 파업을 금지했으며 언론·출판의 자유를 탄압했다. 이혼이 어렵도록 법률을 고치고 낙태금지법을 제정했다. 여성의 사회 활동을 제한하면서 여성의 역할은 출산과 육아라고 강요했다. 공립학교에서조차 가톨릭 종교교육을 강제했고, 고위 성직자들은 페탱을 '은총이 깃든 원수'라며 축성했다. 수많은 사람이 국가의 적으로 규정되어 정치범 재판 법정에 서야 했다.

이게 다 나치의 강요에 따른 것이었을까? 아니다. 민주주의·공화주의에 대한 부정은 프랑스 내부에서 자랐다. 역설적이게도 프랑스 민주주의 승리의 상징적 사건으로 여겨지는 드레퓌스 사건(1894)이 그 기점으로 꼽힌다. 반드레퓌스파는 1898년 극우 단체 악시옹 프랑세즈(Action Française)를 결성하고 세력 확장에 나섰다. 제1차 세계대전은 대중적 차원에서 우익 민족주의 확산의 계기가 됐다. 1910년대의 민족주의 노동운동을 기반으로 1925년 페소(Faisceau)라는 파시즘 조직이 등장했다. 1920년대를 거치면서 애국청년단, 가톨릭국민연합, 프랑스인민당, 불의 십자가단 등 극우 파시즘 단체가 속속 출현하여 성장하기 시작했다. 왕정복고가 목표에서 사라진 대신, 반공·반의회주의·반유태주의가 슬로건이 됐다. 이들은 준군사조직을 결성하고 폭력도 서슴지 않았다.

물론 사태를 과장해서는 안 된다. 프랑스 사회의 주류 보수 세력은 파시즘과 거리를 두었고, 좌파는 충분히 강했다. 의회정치 역시 혼란에도 불구하고 독일이나 이탈리아, 일본처럼 완전히 신뢰를 잃지는 않았다. 그럼에도 불구하고 정치 부패의 심화와 대공황의 여파, 국제 긴장의 고조 등으로 인해 프랑스에서 극우 파시즘에 대한 지지가 확산된 것 또한 사실이다.

비시체제는 나치 독일의 압력으로 어쩔 수 없이 생겨난 정치체제가 아니라 프랑스 자체 내 일련의 역사적 경과를 거치며 등장했다. 역사의 누적이 있었기에 압도적 지지가 가능했던 것이다. 1940년 유태인에게 특수 지위를 부여한 것은 비시 정부의 자발적 선택이었다. 민병대는 1789년 혁명 이래 처음으로 고문을 자행했다. 로버트 팩스턴의 말처럼 비시는 괴뢰화한 프랑스가 아니라 반동화한 프랑스였다.

드골레지스탕스주의는 이런 진실을 은폐했다. 프랑스인 절대다수는 파시즘에 반대하고 민주주의 편에 섰다는 거짓 신화를 창출했다. 그 덕분에 우파가 살았다. 비시체제로부터 자유롭지 못했던 온건 좌파도 이 신화에 동참했다. 그들은 단죄의 퍼포먼스로 자신들의 치부를 가렸다. 과거사 청산 문제가 불거질 때마다 우파와 사회당 진영이 보여준 소극적인 태도에는 이런 역사적 이유가 있다.

프랑스인 전체가 반성도 없이 책임을 소수 비시체제 인사에게 덮어씌웠다고 말하려는 것이 아니다. 잘못된 흑백논리를 또 다른 흑백논리로 비판해서는 안 된다. 늘 강조하지만 역사는 그렇게 간단한 게임이 아니다. 전후에 프랑스에서 높이 일었던 과거사 청산 의지 자체를 폄하할 필요는 없다. 그 단호했던 청산 의지가 꺾여간 데는 다양한 이유가 있었고, 그중 어떤 것들은 당시 맥락에서 수긍할 만한 것도 있다. 무엇보다 냉전이 시작된 영향이 컸다.

해방 후 프랑스 정국의 주도 세력은 공산당이었다. 1945년 10월과 1946년 11월의 선거에서 공산당은 제1당이 되었고, 대중공화운동, 사회당과 함께 연정을 구성했다. 드골은 정계에서 은퇴했지만 여전히 우파의 강력한 지도자였다. 레지스탕스 투쟁을 주도한 공산당은 정국을 이끌 명분이 있었음에도 불구하고 냉전이 부상하면서 서서히 지지를 잃어갔다. 프랑스공산당은 종종 소련공산당과 공산주의 국제조직인 코민테른의 지시를 따른다는 의심을 받고 있었다.

이 의구심에는 근거가 있었다. 나치 독일이 체코를 병합하고 누가 봐도 세계대전이 목전에 다가오던 1939년에 독소불가침조약이라는 충격적인 뉴스가 전해졌다. 철천지원수인 독일과 소련이 손을 잡은 것이다. 불가침조약으로 동쪽의 안전이 보장되자 독일은 소련과 함께 폴란드를 분할하고, 프랑스를 향해 진격할 수 있었다.

난감해진 건 프랑스공산당이었다. 반파시즘 투쟁의 선두 주자인 소련공산당이 파시스트와 손을 잡자 프랑스공산당은 독일에 저항하지 않았다. 이들이 레지스탕스 투쟁을 주도하게 된 것은 독일이 불가침조약을 깨고 소련을 침공한 1941년 6월 이후부터였다. 대중의 의구심에는 이유가 있었다. 이후로도 프랑스공산당은 적지 않은 지지를 받았지만 다수파가 되는 데는 실패했다. 공산당마저 순수하지 않았다. 프랑스에 '순결한' 세력은 없었다.

과거사 논쟁: 현재진행형의 정치

좌파 대통령 미테랑은 나치의 유태인 학살을 도운 프랑스의 범죄에 대한 사과를 끝내 거부했다. 괴뢰정부 비시를 계승하지 않은 현 프랑스 정부에 사죄의 책임은 없다는 논리였다. 미테랑의 뒤를 이은 우파 대통령 자크 시라크가 1995년 7월 16일 "프랑스인은 지울 수 없는 죄를 범했다"며 공식 사과에 나섰다. 비시를 영원히 묻어둘 수 없다는 인정이었다.

하지만 2002년 프랑스 대선에서는 비시 정권의 후예임을 공공연하게 밝힌 극우 정당 국민전선의 후보 장-마리 르펜(Jean-Marie Le Pen)이 1차 투표에서 사회당의 리오넬 조스팽(Lionel Jospin)을 물리치고 2

위를 차지하는 이변을 연출했다. 정계 은퇴 후에도 그의 집념은 여전해서 2015년 봄에 옛 주장을 되풀이했다. 홀로코스트(대학살)는 사소한 일이며 필리프 페탱은 배신자가 아니라고 강변했다. 르펜이 보여주는 것처럼 비시시대는 단지 지나간 '어두운 시절(les année noires)'이 아니다. 비시의 역사는 현대 프랑스 사회에 여전히 긴 그림자를 드리우고 있다. 그의 딸 마린 르펜은 지금도 강력한 대선 후보 중 한 사람이다.

레지스탕스의 신화도 끊임없이 재생된다. 시라크를 이은 우파 니콜라 사르코지(Nicolas Sarkozy)는 2007년 대선에서 선거운동의 일환으로, 열일곱 살에 나치에게 보복 총살당한 레지스탕스의 전설, 기 모케(Guy Moquet)를 종종 추모하고 기념했다. 사르코지는 취임식 날, 레지스탕스들이 학살당한 불로뉴 숲에서 기 모케가 총살 직전 남긴 마지막 편지를 낭독했다. 그리고 새로운 약속을 내세웠다. 모든 고등학생이 매년 기 모케의 처형 기일인 10월에 이 편지를 읽게 하겠다는 것이었다.

저는 죽어요. 제가 바라는 건, 특히 엄마께 바라는 건 용기를 내시라는 거예요. 저는 먼저 간 이들의 길을 따르길 원하고 그들을 따를 뿐이에요. 당연히 저도 살고 싶지만, 제가 진심으로 원하는 건 제 죽음이 헛되지 않게 되는 거예요. …… 열일곱 살 반, 제 인생은 너무 짧았어요. 여러분과 이별해야 하는 것만 빼면 어떤 후회도 없답니다. …… 엄마, 제가 엄마에게 바라는 건 용기를 내서 이 고통을 이겨내겠다고 약속해주는 거예요.

파리 메트로(지하철) '기 모케 역'

2차 세계대전이 끝나고 프랑스에서는 기 모
케에 대한 대대적인 추모 사업이 펼쳐져서
전국 곳곳의 거리와 체육관, 청소년회관, 학
교 등에 그의 이름이 붙여졌다. 파리 지하
철 13호선에는 '기 모케 역'이 있고, 역사
안에 그를 추모하는 사진과 글이 있다.

편지는 눈물겹게 처연하고 가슴 시리게 당당하다. 저토록 훌륭한 편지를 고등학생들에게 읽히겠다는 것인데, 이 방침은 나오자마자 뜨거운 논란을 일으켰다. 무슨 문제인가? 내전의 기억을 억압하고 레지스탕스를 박제된 신화로 만든 드골레지스탕스주의의 현대판이었기 때문이다.

기 모케는 용감한 레지스탕스였다. 또한 어려서부터 열렬한 공산주의자이기도 했다. 그의 레지스탕스 투쟁과 공산주의 신념은 구별될 수 없었다. 사르코지는 기 모케에게서 공산주의의 흔적을 지웠다. 기 모케가 쓴 '동지'라는 단어는 '친구'로 교체했다. 공산주의자를 '순수한' 민족주의자로 둔갑시켰다. 자본주의에 대한 기 모케의 격렬한 증오는 은폐한 채, 그의 '애국심'만 부각했다. 그것은 기 모케에 대한 모독이었다. 결국 모케의 감옥 동지 마리 라방까지 나선 끝에 방침은 철회됐다. 현대 프랑스에서 우파가 동원한 기억의 정치 하나가 이렇게 실패했다. 그래도 끝나지 않는다.

곧잘 이념을 떠난, 혹은 이념에 앞선 순수한 민족을 상상하는 논리를 접하곤 한다. 그런 민족은 실재하지 않는다. 민족은 순수하고 이념은 오염되어 있는 걸까? 그것이야말로 잘못된 이분법이다. 민족은 언제나 이념에 물들어 있기 마련이다. 오염이 정상이다. 이념의 과잉도 문제지만, 이념 없는 순수에 대한 꿈도 비현실적이다. 정확히 말하면 그 자체가 또 하나의 강력한 이념, 그것도 배타적인 이념이다. 드골레지스탕스주의자들이 잘 보여주듯. 현실의 복잡다단함을 인정하지 않는 사람들은 곧잘 극단주의자가 된다. 단호히 민족정기를 세우자는 주장은 선명해 보이는 만큼 많은 진실을 가린다. 프랑스의 사례는 그 단호함 아래서 많은 협력자들이 살아남는다는 역설을 보여준다. 힘들다고 포기해서는 안 된다. 우리는 훨씬 치밀해져야 한다.

독일의 양심, 귄터 그라스의 나치 친위대 경력

소설 『양철북』의 저자 귄터 그라스(Günter Grass)는 노벨문학상 수상자이자 2차 세계대전 후 독일의 양심과 지성의 대변자로 널리 알려진다. 그런 그가 2006년 8월 12일, 유소년 시절을 담은 회고록 『양파 껍질을 벗길 때』의 출간을 앞두고 신문과 인터뷰를 하던 중 놀라운 이야기를 꺼냈다. 자신이 자발적이고 적극적인 나치였다고 고백한 것이다. 히틀러청소년단(히틀러유겐트) 소속이던 열다섯 살 때 자발적으로 잠수함 부대에 입대하려 했지만 어리다며 거절당했고, 열일곱 살이 된 1944년에는 나치 무장친위대 제10기갑사단에 입대하여 이듬해 종전까지 무장친위대원으로 복무했다는 것이다.

이 인터뷰는 엄청난 충격을 불러왔다. 약칭 SS(Schutzstaffel)로 불리는 나치의 무장친위대는 정규군과 달리 징병이 아니라 자원으로 들어가는 특수 조직이었다. 히틀러와 나치당에 대한 충성심이 검증된 자들만 들어가는 특권집단이었고, 나치당의 최고 충성집단으로 간주됐다. 요컨대 히틀러와 파시즘에 대한 최악의 광신자들이 모인 집합체였으며 인종 청소를 포함한 반인륜 범죄의 대명사였다.

그라스의 고백은 한 개인의 뒤늦은 참회를 넘어서 전후 독일의 과거사 처리 방식의 명과 암을 적나라하게 드러냈다는 점에서 매우 중요하다. 오랫동안 그는 방공부대에서 근무했다고 거짓말을 해왔다. 나치 시대의 독일 방공부대, 즉 정규군 복무 경력은 받아들여질 수 있었기 때문이다. 사실 패전 후 독일에서는 나치, 특히 무장친위대는 범죄자 집단이지만, 정규군은 나쁜 짓을 하지 않았고 심지어 자랑스러운 국민의 군대였다는 인식이 광범위했다. 이 또한 거짓 신화의 전형이다.

그의 고백뿐 아니라 회고의 내용도 의미심장했다. 그는 "나치 친위대 복무 당시에는 전혀 거리낌도 죄책감도 없었다"고 회고했다. 오히려 전쟁이 끝난 후에 문제가 점차 심각해졌다. "복무하는 동안 한 발의 총도 쏘지 않았고 어떤 범죄행위에도 가담하지 않았지만, 전쟁이 끝난 후 시간이 지날수록 죄책감과 수치심에 괴로워했다." 진실에 대한 뒤늦은 자각, 죄책감의 뒤늦은 증폭은 독일 과거사 극복 과정의 전형적인 특징이다. 독일인들이 패배하자마자 처음부터 반성했던 것은 전혀 아니다.

그라스의 고백 앞에서 독일 사회가 받은 충격은 심대했다. 친위대 복무 사실도 충격이지만 그걸 오랫동안 숨겨왔다는 사실이 더 큰 충격이었다. 그라스는 늘 독일의 철저한 과거사 반성을 외치던 양심의 상징이었다. 그토록 오랫동안 과거를 숨겨왔다는 사실 앞에서 전후 독일의 과거사 청산 작업 전체에 경종이 울렸다.

그라스는 과거를 숨겨온 지난 세월 동안 너무나 괴로웠다고 고백했다. 그 고통을 이해할 수 있다. 그에게 '철없던 10대 시절'의 잘못을 고백하라고 압력을 가한 사람은 없었다. 그는 스스로 고백했다. 하지만 독일과 유럽에서는 비판이 일어났다. 그 자신이 누구보다 앞장서서 타인에게 과거사에 대한 철저한 고백과 반성, 처벌을 촉구해왔던 인물이기 때문이다. 자신의 어두운 과거는 감춘 채 타인에게 엄격한 잣대를 들이댔다는 사실은 정말 부조리하다. 유태인 조직들과 정치인들, 다양한 인물과 단체들이 그를 비판했다. 그라스의 고향인 폴란드 그단스크(그라스의 유년 시절에는 독일령 단치히)의 명예시민증을 수여했던 레호 바웬사 전 폴란드 대통령은 반납을 촉구했다. 노벨문학상을 반납해야 한다는 여론도 일었다.

독일은 과거사 청산의 모범으로 꼽혀왔다. 나치가 저지른 학살과 전쟁범죄는 역사상 최악이었지만, 독일인들은 철저한 처벌과 사죄, 반성과 배상을 통해 과거사와 용기 있게 단절했다. 이를 통해 독일인은 유태인 등 피해자들의 용서를 받을 수 있었고, 주변국의 신뢰를 얻을 수 있었으며, 통일을 성취할 수 있었고, 마침내 유럽의 주도국으로 재도약할 수 있었다. 이제 독일인은 단지 경제적 성취뿐 아니라 과거사를 바라보는 윤리적 성숙함으로도 칭송받게 되었다, 등등.

프랑스에 대해 그랬듯이 여기서도 나는 독일에 대한 이런 인식이 꽤나 신화에 가깝다고 주장할 참이다. 역사상 최악의 증오 이념인 파시즘에 그토록 열광했던 독일인들이 전쟁에 졌다는 사실 하나로 과연 깔끔하게 자신의 과거를 반성할 수 있었을까? 그럴 법하지 않다. 독일은 패전국이었다. 그렇기 때문에 승전국이 나치의 핵심 인물들을 처결하는 데 저항할 수 없었다. 그들은 수동적으로 받아들였다. 물론 독일인들 스스로 나치와 선을 긋고자 한 것도 사실이다. 하지만 단절이 그리 쉽고 간단하지는 않았다. 독일 사회 곳곳에는 나치가 실핏줄처럼 스며들어 있었고, 이들은 1950년대를 거치며 사회의 주류로 돌아오고 있었다. 독일의 나치 과거사 극복은 매우 길고 어려운 과정, 격렬한 논쟁과 반발을 거치며 진행되었고, 지금도 진행 중이다.

나치 과거사 극복의 전개 과정

독일의 나치 과거사 극복 과정은 서독을 중심으로 보면 네 시기로 나눌 수 있다. 제1기는 패전 직후인 1945년부터 탈나치화 작업이 사실상 종료되는 1948년까지다. 제2기는 1940년대 말부터 1950년대 말까지로, 냉전이 본격화되면서 나치 경력자들에게 면죄부가 주어지고 심지어 나치 과거가 미화되던 시기다. 제3기는 1950년대 말부터 1970년대 말까지로, 억압되었던 나치 학살의 기억이 재조명되고 국내 갈등이 고조된 시기였다. 이 시기를 거치면서 학살의 기억이 공식화되었고, 독일인은 나치 과거를 자신들의 문제로 받아들이기 시작했다. 1970년대 말 이후의 제4기 동안 과거사 이해의 심도는 더욱 깊어졌다. 이제 집단기억의 문제와 독일인들의 자기 정체성이라는 주제가 과거사 극복의 중심 주제로 자리 잡게 되었다. 독일의 역사학자이자 사회학자인 위르겐 코카(Jürgen Kocka)의 구분에 따라 시기별로 좀 더 자세히 살펴보자.

(1) 1945~1948년: 탈나치화, 진전과 후퇴

독일은 무조건항복을 한 패전국이었다. 과거사 처리는 점령군 당국이 주도했다. 이른바 탈나치화를 통해 약 20만 명의 나치 활동가가 체포됐고, 약 15만 명의 공무원, 약 7만 3,000명의 경제인이 지위를 박탈당했다. 특히 초기에는 미군 점령 지역에서 처벌 강도가 가장 심했다.

전쟁범죄를 저지른 중요 인물들에 대해서는 뉘른베르크 전범재판을 통해 사법적 심판이 내려졌다. 24명의 피고 중 12명이 사형을, 3명이 종신형을 선고받았다. 총 12건의 뉘른베르크 후속 재판에서도 사형과 종신형 등 중형이 이어졌다. 24명에게 사형이, 20명에게 종신형이 선고됐다. 그와는 별도로 여러 종류의 살인과 만행에 대한 재판에서 324명이 사형을, 247명이 종신형을 선고받았다. 영국군 군사법정에서는 240명이, 프랑스군 군사법정에서는 104명이 사형을 선고받았다.

하지만 전반적인 진행 과정에서 탈나치화는 앙상한 뼈대만 남았다. 1등급인 주요 책임자는 불과 1,600명에 지나지 않는 것으로 판정되었고, 대부분은 단순 가담자나 무혐의자로 풀려났다. 1948년에 탈나치화 작업이 중단되자 중요 인물들이 속속 복귀했다.

철저하지 못한 과거사 청산의 근본 원인 중 하나는 나치에 저항했던 독일 시민이 아니라 점령군 당국이 탈나치화 작업을 실행했다는 데 있었다. 군정 당국의 입장에서는 해당 사회의 급진적 변화보다 안정적 운영이 더 중요했고 탈나치화 작업에 많은 인력을 투입할 여유도 없었다. 냉전 구도의 성립에 따라 서독 지역이 적국에서 동맹국으로 바뀐 상황도 중요한 이유였다.

반면 소련 점령 지역에서는 서방 점령 지역에 비해 비교적 철저하게 탈나치화가 진행된 것으로 평가된다. 더 짧은 기간에 더 강력하게 탈나치화가 진행되었다. 서독 지역과 달리 소련군정청은 초기에 해당 지역에서 자발적으로 만들어진 반파시스트위원회에 많은 권한을 부여했다. 하지만 여기서도 변질이 발생하기는 마찬가지였다. 인력 부족이 심각해지자 많은 나치당원들이 석방됐고 시민권을 되찾았다. 나치가 아니라 소련군정청에 반대한 이들이 수감되기도 했다.

(2) 1940년대 말~1950년대 말: 통합을 위한 침묵

1940년대 말 냉전이 본격화되면서 탈나치화 작업은 사실상 종료됐다. 나치 범죄자들에 대한 재판은 중단됐고, 서독은 물론 동독도 나치 단순 가담자들, 심지어 적극 가담자들까지 사면했다. 서독에서 나치는 이제 침묵해야 할 단어가 되었다. 너무 많은 사람이 나치와 관련되어 있었다. 새롭게 출범한 우파 기민당 정부는 그들을 처벌함으로써 과거와 선을 긋기보다는 침묵함으로써 통합하는 쪽을 선택했다. 콘라트 아데나워(Konrad Adenauer) 총리는 화해와 통합을 슬로건으로 내세웠다. 그 결과 정부에는 많은 나치 전력자가 그대로 남았으며, 일부 나치 범죄자는 사면 후 정부로 복귀했다.

특히 문제가 된 인물로는 한스 글롭케(Hans Globke) 박사를 꼽을 수 있다. '옥좌 뒤의 사악한 실권자'로 불린 글롭케는 친위대 출신으로서 나치의 핵심적 인종정책인 '뉘른베르크법'을 기초하고 공식 주석을 단 인물이었다. 그는 아데나워 총리의 비서실장으로 정계에 화려하게 복귀했다. 전쟁 중 독일 육군참모본부 과장으로서 대소련 방첩 활동을 책임졌던 라인하르트 겔렌(Reinhard Gehlen)의 경우는 더욱 극적이다. 히틀러의 총애를 받던 겔렌은 자신이 가진 소련 정보를 밑천 삼아 미국과 거래를 하여 처벌을 면했다. 이후 그는 CIA의 대소련 공작에 참여했다. 그는 옛 나치 요원들을 활용했고 전범들의 도피를 돕기도 했다. CIA는 그 사실을 알면서도 묵인했다. 1956년 서독 연방정보부가 창설되자 겔렌은 총책임자로 취임했고 1968년까지 권력을 누렸다.

독일 군부, 외무성, 사법부 등에서는 대표적인 친나치 인사들 일부를 제외하면 숙청이 거의 진행되지 않았다. 상당수가 열렬한 나치당원이나 친위대 경력을 갖고 있었으나 무사했다. 나치 정권에 책임이 있는 자들이 권력을 누리고 연금 혜택을 받는 동안, 나치에 저항했던 자들은 어떤 보상도 받지 못한 채 고통받는 부조리한 상황이었다.

1950년대를 나치시대로의 회귀라고 보기는 어렵다. 아데나워 총리를 비롯한 정권의 핵심부는 나치에 대항한 이들로 이루어졌고, 1952년에는 신나치 경향의 극우 사회주의제국당이 위헌 판결로 해산되기도 했다. 나치 희생자들에 대한 배상도 진전되었다. '해방법'에 의해 유죄 판결을 받은 나치 관련자들은 재산을 몰수당했고, 그 재산은 희생자들에 대한 배상의 재원으로 활용되었다. 미국과 유태인 조직의 압력이 영향을 미친 면도 있기는 하지만 서독 정부는 1952년에 이스라엘 및 유태인청구회의와 룩셈부르크협정을 체결하여 피해자 배상에 나섰다.

당시 독일은 유태인 희생에 대한 배상액으로 총 50억~100억 마르크 정도를 예상했지만, 실제로는 1990년대 말까지 총 1,600억 마르크 정도를 지급했다. 그러나 외국에 거주하는 비유태계 나치 희생자들은 수십 년 동안 배상에서 제외됐다.

이런 진전에도 불구하고 1950년대는 역사적 반성보다는 국민적 통합, 정확히 말하자면 침묵이 우선된 시대였다. 역사적 기억과 교육이라는 문제는 뒷전이었다. 유태인 대학살에 대한 언급은 거의 없었으며, 제3제국은 침묵의 저편으로 사라졌다. 학살과 범죄는 히틀러라는 광기 어린 개인과 그 추종자들이 저지른 잠시간의 재앙적 일탈로 간주되었다. 심지어 독일인들은 자신들을 가해자가 아니라 희생자로 묘사하기도 했다. 이런 상황에서 1950년대 말이 되자 반유태주의가 다시 부상하고 나치의 추억이 되살아나기 시작했다.

(3) 1950년대 말~1970년대 말: 역사 전쟁의 부상

1961년에 시작된 아이히만 재판과 1963년에 시작된 아우슈비츠 재판으로 나치의 죄악상이 적나라하게 폭로됐다. 이 무렵 귄터 그라스의 『양철북』, 하인리히 뵐(Heinrich Böll)의 『아담, 너는 어디에 있었는가?』, 미처리히(Mitscherlich) 부부의 『애도하지 않는 독일인들』 같은 문제작이 쏟아져 나왔다. 독일의 비판적 지식인들은 독일인의 진지한 반성과 역사적 성찰이 필요하다고 목소리를 높였다. 1960년대 중반을 거치면서 역사교육에 나치 시절에 대한 철저한 반성을 담는 새로운 지침이 확립

됐다. 서독의 역사가들은 진지하게 대학살을 연구하기 시작했다. 연방의회는 인종학살 범죄에 대한 공소시효를 폐지했다.

68혁명은 이런 흐름의 정점이었다. 특히 나치당원 출신이면서 전쟁 중 외무부 라디오국 부국장으로 선전 활동을 수행했던 기민당의 쿠르트 게오르크 키징거(Kurt Georg Kiesinger)가 1966년 연방총리에 오른 사건은 결정적이었다. 젊은 세대는 부모 세대가 연루된 나치 과거와의 단호한 단절을 요구했다. 청년들은 나치 가담자들은 물론이고 오랫동안 침묵을 지킨 기성세대 전체를 비판했다. 나치 과거사에 대한 인식과 성찰이야말로 독일인의 정체성을 규정하는 핵심 요인이 되어야 한다는 목소리가 높아져갔다.

물론 변명의 목소리가 사라진 것은 아니었다. 나치에 연루된 세대는 새 세대가 당대의 맥락을 이해하려는 최소한의 노력도 없이 일방적으로 기성세대를 매도한다고 맞섰다. 1970년대에 좌파 사민당 정권이 장기 집권하면서 적극적으로 과거사 반성을 추진하자, 우파 기민당·기사당 연합은 좌파적인 과거사 청산이 독일인의 애국심을 약화하고 정체성을 파괴한다고 비판하기도 했다.

(4) 1970년대 말 이후: 나치의 범죄를 넘어서 독일인 전체로

1960~1970년대를 거치며 전쟁범죄의 참혹함에 대한 인식이 높아졌지만, 그것은 여전히 나치의 범죄에 한정되었다. 청년 세대가 부모 세대를 비판했지만, 그것은 여전히 특정 세대의 오류로만 여겨졌다. 독일

인 전체가 반성과 사죄의 주체로 간주되었지만, 그것은 어디까지나 범죄를 막지 못한 책임이 있다는 의미에서였다.

1970년대 말에 좀 더 근본적인 변화가 시작됐다. 이 변화의 요체는 과거사 극복이라는 문제가 독일인 전체의 역사적 의무라는 점, 직접 책임이 없는 후세대조차도 과거에 대한 '기억'이라는 방식으로 그 시대에 연루된다는 점에 대한 자각이었다. 요컨대 나치 과거사에 대한 인식과 기억, 나아가 대응은 독일인 전체의 정체성과 관련된다는 인식이 부상한 것이다.

1979년 미국에서 제작된 영화 〈홀로코스트〉가 독일 TV에서 방영되었다. 잘 알려진 사실이라고는 해도 TV 방영의 효과는 차원이 달랐다. 대부분의 사람들이 깊은 당혹감과 수치심을 느꼈다. 대량 인종학살을 의미하는 학술 용어인 홀로코스트가 일상용어가 되었다. 나치의 권력 장악 50주년이던 1983년, 베를린의 옛 제국의회 건물에서는 역사학자와 일반 대중이 함께 참여하는 대토론회가 열렸다. 종전 40주년을 맞은 1985년 5월, 바이츠제커(Richard von Weizsäcker) 연방대통령은 서독인 전체의 나치 범죄에 대한 책임을 인정하는 역사적인 연설을 했다. 1980년대 이후 일상사 연구 방법을 취한 신좌파적 역사가들은 나치에 동조했던 광범위한 일반 대중의 삶을 연구 주제로 삼기 시작했다. 나치 일당에 모든 책임을 전가하는 정치권과 기성 권력의 태도를 비판하면서, 일반 대중이 나치에 동조했던 역사를 시민적 성찰의 계기로 삼아야 한다고 주장했다.

끝나지 않는 나치 과거사 : 정규군 범죄

독일의 나치 과거사 극복 과정은 범죄의 책임을 극소수 나치 핵심 분자에게 전가하던 데서 점차 독일 사회의 구성원 일반에게로 넓혀가는 과정이었다. 독일인들 자신에 대한 이해 역시, 단지 나치의 선전에 속았을 뿐인 선량한 국민이었다는 데서 나치에 동조하거나 침묵한 범죄 연루자라는 인식으로 심화됐다. 후세대 또한 독일의 물질적 유산을 계승하고 집단기억이라는 방식으로 그 시대에 연루되는 한 책임이 있는 것으로 재인식됐다.

이런 진전이 일직선으로 순조롭게 진행되지는 않았다. 나치에 연루된 자들, 독일 사회의 기득권 세력은 다양한 방식으로 저항했다. 정규군 범죄와 관련된 독일인의 인식 변화는 이 복잡하고 모순에 찬 동학을 보여주는 좋은 사례다.

앞에서 보았듯이 귄터 그라스가 자신의 친위대 경력을 오랫동안 숨겨온 것은 독일 과거사 극복 과정의 특징 혹은 허점을 잘 드러낸다. 패전 이후 독일에서는 독특한 이분법이 확산됐다. 전쟁 중 벌어진 범죄는 잘못이지만, 전쟁 자체는 국가 간 갈등을 해결하는 정상적 과정이었다는 이분법이다. 달리 말하면, 전쟁범죄를 저지른 나치(나치당, 친위대, 살인특무부대 등)는 범죄 집단이지만, 독일 정규군은 범죄 집단이 아니라는 것이다.

완전히 틀린 말은 아니다. 실제로 독일 정규군 조직은 히틀러, 나치당 조직과 오랫동안 긴장 관계에 있었다. 주로 융커-대지주계급 출신으로 유서 깊은 프로이센 육군 전통을 지키던 정규군 고위 장교들은 오스트리아군 하사 출신인 히틀러와 룸펜에 가까운 그의 추종 세력을 내심 경멸하고 경계했다. 개전 초기까지도 히틀러는 군을 완전히 장악하지 못했다.

전쟁 실행의 측면에서도 정규군은 나치당 및 직속 무장친위대, 살인 특무부대 등과 견해를 달리했다. 정규군이 전쟁의 실질적 승리를 위한 전략·전술적 판단과 신속한 기동을 중시한 반면, 나치당은 인종 청소 등 절멸전쟁이라는 이데올로기적 입장을 우선시했다. 정규군이 보기에는 유태인, 공산주의자, 집시 등 비전투원에 대한 대량 학살은 기술적으로 무가치했고 전술적으로는 해로웠다. 정규군은 종종 히틀러와 나치당에 어깃장을 놓았고 심지어 일부는 히틀러 제거 계획을 세우기도 했다. 독일연방군이 재건되었을 때 고위 지휘부 대다수가 나치 시절의 정규군 경력자로 채워진 것은 이런 사정이 있었기 때문이다. 나치와 정규군 사이의 긴장·갈등 관계에 초점을 맞춘 전쟁사 연구들 역시 이런 이분법의 확산에 기여했다.

이 이분법에 가장 공감한 사람들은 바로 평범한 독일인들 자신이었다. 전쟁 중 독일인 1,700만 명이 정규군에 징집됐다. 독일인 대다수가 정규군이거나 그 가족 또는 친지였다. 이들은 정규군이 나치 같은 범죄 조직에 충성한 것이 아니라 국민이라면 마땅히 수행해야 할 병역의무를 이행했을 뿐이라는 논리를 환영했다. 귄터 그라스가 방공부대 출신이었다고 거짓말을 했던 이유다.

독일 국민 대다수를 나치의 전쟁범죄 연루 혐의에서 구해주는 이 같은 면죄부 논리가 부서진 것은 전쟁이 끝난 지 무려 50년이 지난 1995년이 되어서였다. 이해에 함부르크 사회조사연구소는 〈절멸전쟁: 정규군의 범죄〉라는 제목으로 순회 전시회를 개최했다. 학계에서는 정규군의 범죄행위가 상식이 된 지 오래였지만, 대중에게는 여전히 이분법이 강력하던 때였다. 이 전시회를 통해 유태인 등 비전투원에 대한 학살이 나치 친위대만의 소행이라는 오랜 믿음이 깨졌다. 유태인과 동유럽 여러 민족에 대한 학살, 소련 전쟁포로에 대한 가혹한 대우, 빨치산 소탕 과정에서 동유럽 주민들에게 가한 보복 작전, 강제 이주 등의 과정에서 정규군이 저지른 학살과 만행이 적나라하게 폭로됐다.

우선 정규군은 친위대에게 병참을 제공하고, 학살 대상자를 집합·호송·통제하는 등 필수적인 역할을 했다. 정규군의 도움이 없었다면, 병력도 적고 자체 병참 능력도 없는 친위대만으로는 그토록 거대한 학살의 수행이 애당초 불가능했음이 밝혀졌다. 심지어 정규군이 먼저 친위대에게 학살을 촉구한 경우도 많았다.

정규군이 직접 학살의 주체가 된 경우도 적지 않게 밝혀졌다. 정규군의 만행은 주로 동부전선, 특히 독소전쟁에서 자행됐다. 소련 침공 직전인 1941년 5월 13일, 히틀러는 소련군과 민간인에 대한 독일 군인의 범죄에 대해 재판을 면제한다는 방침을 내렸다. 1941년 7월 말 육군 총사령관은 빨치산 근절을 위해 인질을 생포하지 말고 확인 절차 없이 즉시 보복하라고 명령했다. 며칠 후에는 총통의 명령이 빌헬름 카이텔(Wilhelm Keitel) 원수를 거쳐 하달되었다. "독일군 한 명의 생명에 대한 보복으로 이러한 경우에는 일반적으로 50명에서 100명의 공산주의자에게 사형을 내리는 것이 적절하다. 이런 집행 방식은 경고 효과를 더욱 높이게 될 것이 틀림없다."

명령은 50배, 100배의 보복을 촉구했지만, 훨씬 무자비한 보복도 드물지 않았다. 백러시아(벨라루스)에 투입된 707보병사단은 친위대와 철저한 공조를 통해 4주 동안 잡힌 포로 10,940명 중 10,431명을 살해했다. 이 기간 중 사단 전체의 인명 손실은 사망 2명, 부상 5명에 지나지 않았다. 사망자 기준으로 보면 5,000배 이상의 보복을 가한 셈이다.

적어도 소련을 침공하는 시점부터는 정규군과 나치 사이에 긴장 관계 따위는 없었다. 히틀러는 군을 완전히 장악했고, 고위 장성들은 그에게 충성 경쟁을 벌였다. 전쟁범죄에 연루되지 않은 정규군이 있었다고 해도 이 시기부터는 나치와 정규군을 구분하는 것이 무의미했다.

그럼에도 불구하고 패전 후 정규군은 대량 학살의 책임을 거의 지지 않았다. 일부 고위 장성들이 전범으로 처형되거나 실형을 받았지만, 그것은 나치 가담자로서였다. 정규군 자체의 범죄행위는 거의 부각되지 않았다. 모든 학살과 범죄의 책임은 나치에게 돌려졌고, 정규군은 당연한 임무, 심지어 명예로운 임무를 수행한 존재로 받아들여졌다.

독일 잠수함 U보트의 전설적 지휘관이자 독일 해군 총사령관이며, 히틀러의 유언에 따라 독일 대통령 자격으로 항복문서에 조인한 카를 되니츠(Karl Dönitz)는 패전 이틀 후에 이렇게 말했다. "우리는 부끄러워할 필요가 없다. 독일 정규군과 독일 민족이 이 6년 동안 인내하며 보여주었던 바는 역사와 세계에서도 유일한 것이다." 되니츠는 전범재판에서 10년 금고형을 선고받았지만 이후 재건된 연방군과 독일 시민

사회로부터 존경받았다. 전쟁범죄자가 아니라 단지 유능한 군인으로서 조국에 충성했을 뿐이라는 것이 독일인들의 보편적 인식이었다.

하지만 확인된 사실만으로도 되니츠의 전쟁범죄는 차고 넘쳤다. 그를 유명하게 만든 무제한 잠수함전은 실행 당시에도 이미 국제법 위반이었다. 그도 이를 알면서 밀어붙였다. 적국은 물론 중립국 민간 선박에 대한 경고나 수색 없는 격침으로 무수한 민간인이 목숨을 잃었다. 종전이 가까워지자 그는 자살특공대를 운용하면서 이를 거부하는 병사들은 즉결 처형했다. 연합군 특수부대 포로들을 총살했고 유태인에 대한 가혹한 조치를 공개적으로 옹호했다. 그에게 선고된 10년형조차 가벼운 형벌이었다.

1,700만 독일 정규군의 학살과 만행이 폭로됨으로써 "학살은 나치가 저질렀다"든가 "나는, 우리들 대다수는 몰랐다"는 식의 자기변명은 더 이상 통하지 않게 되었다. 그렇게 되기까지 종전 후 50년이 걸렸다. 독일의 과거사 극복도 지난한 과정이었다.

타자에 대한 정죄와 자신에 대한 윤리적 성찰

6월항쟁 직전이던 1987년 6월 초의 어느 날, 다니던 대학의 뒷산에서 동무들과 삼겹살을 구워 먹던 중이었다. 하산하던 초로의 신사 두 명이 우리에게 다가왔다. 그중 한 명은 독일인 바이어라고 했는데, 우리와 이야기를 나누고 싶어했다. 몇 가지 의례적인 칭찬을 건네더니 곧 우리를 비난하기 시작했다. 왜 대학생들이 정부의 말을 듣지 않고 데모를 하냐는 것이었다. 젊을 때 기회를 잡고 돈 많이 벌어야 한다며 훈계도 했다. 독일인 꼰대라고나 할까. 나는 짧은 영어로 광주학살과 전두환 정권의 비민주성에 대해 설명했다. 그는 아랑곳하지 않고 계속 훈계했다. 그때 누군가가 한마디 했다. "히틀러에 대해서는 어떻게 생각해요?"

그 한마디가 상황을 완전히 바꿨다. 그는 갑자기 얼굴이 붉어지고 말을 더듬었다. "히틀러와 나치는 정말 나쁜 범죄자였다"고, "자기들은 모두 완전히 속았다"고, "진실을 몰랐다"고 변명했다. 시키지 않은 말도 했다. 열일곱 살에 징집되어 동부전선, 그러니까 독소전쟁에 참전했다가 포로가 되기도 했다는 것이다. 연신 미안하다며 머리를 조아리더니 자리를 떴다.

오래도록 기억에 남는 일이다. 히틀러와 나치가 독일인들에게 얼마나 깊은 트라우마인지 알 수 있는 장면이었다. 동시에 그 한계도 알 수 있었다. 미안하다고 사죄했지만, 자신들은 어디까지나 속았기 때문에 어쩔 수 없었다는 것이다. 정규군으로서 자신이 행한 일에 대해서는 한마디도 없었다. 이것이 바로 전후 오랫동안 독일의 과거사 청산이 지닌 특징이었다. 그에 대한 본격적인 성찰은 1990년대 이후에야 시작됐다.

프랑스에서도 마찬가지였다. 해방 직후에 이루어진 단호한 과거사 청산이 높은 평가를 받았지만, 앙리 루소가 지적하듯 그들은 조국을 배신한 죄로 처벌받았을 뿐 파시스트나 반유태주의자였기 때문에 처벌받은 것은 아니다. 과거사 청산이 심화되면서 밝혀진 것은 로버트 팩스턴의 말처럼 파시즘과 반유태주의가 나치로부터 온 것이 아니라 프랑스적 전통에서 비롯되었다는 점이다. 프랑스와 독일 모두에서 소수의 나쁜 파시스트와 다수의 선량한 사람들이라는 단순한 이분법 구도는 무너졌다. 물론 흑백의 이분법 대신 모두 회색이라며 얼버무려서도 안 된다. 둘 다 잘못된 태도다. 단순한 결론 대신 계속 사유하고 논쟁해야 할 이유다.

5장

역사의 단죄와 성찰
: 당신은 친일하지 않을 자신이 있습니까?

아돌프 아이히만과 한나 아렌트

친일 과거사 극복 논란을 마무리하는 장에서 조금 우회하는 감이 있지만, 앞 장에서도 잠시 언급한 아돌프 아이히만을 다루는 것으로 실마리를 풀고자 한다. 아이히만은 그의 체포와 재판을 통해서 유태인 학살이라는 인류사적 비극을 재조명하게 만든 문제적 인물이다. 그 자체로도 중요한 인물이지만, 알고 보면 그는 좀 더 복잡한, 아니 어쩌면 단순해서 복잡한 인물이다. 비유적으로 표현하자면 그는 '생각하지 않은 죄'라는 죄목으로 처형당한 최초의 인간일지도 모르겠다.

1961년 아이히만 재판은 세계의 이목을 집중시킨 사건이었다. 그런데 이 재판에서는 아이히만 이외에 또 한 명의 인물이 큰 화제를 불러 모으고 논란의 중심으로 등장한다. 그 인물은 한나 아렌트(Hannah Arendt, 1906~1975). 20세기를 대표하는 정치철학자 중 한 명으로 꼽힌다. 여성으로서, 유태인으로서, 이중의 소수자라는 출생의 지위에도 불

아이히만 재판 1961년 이스라엘에서 아돌프 아이히만에 대한 재판이 시작되었다. 사진 왼쪽 유리 부스 안에 있는 이가 아이히만이다.

구하고 아렌트는 남성 중심적 철학계에 뚜렷한 발자취를 남겼다.

한나 아렌트는 유태계 독일인이었다. 원래 마르틴 하이데거(Martin Heidegger)의 애제자였지만 그가 나치즘에 경도되자 결별하고 카를 야스퍼스(Karl Jaspers)의 지도 아래 박사학위논문을 쓴다. 학위를 받은 것은 1929년이었다. 나치가 집권한 후 유태인의 교수 자격 획득이 금지되자 1933년에 프랑스로 이주했다. 나치가 침공해오던 1941년에 다시 미국으로 망명한다.

아렌트에게 아이히만 재판은 특별했다. 그녀의 친척 중에도 나치에게 학살된 희생자들이 있었다. 아렌트 자신이 피해자이면서 유가족의

한 명이었다. 더욱이 그녀는 정치철학자였고 자신을 세상에 널리 알린 1951년의 저작 『전체주의의 기원』에서 반유태주의의 사상적 계보를 추적한 바도 있었다. 아렌트는 그 재판을 자기 눈으로 직접 보아야한다는 의무감을 느꼈다. 그녀는 재직 중이던 콜롬비아대학의 허가를 얻어 휴직을 하고 재판이 열리는 예루살렘으로 날아간다. 『뉴요커(The New Yorker)』지와는 특파원 계약을 맺었다. 재판을 참관하면서 역사를 증언할 결심이었다. 피해 당사자이자 반유태주의를 연구하는 저명한 정치철학자, 더욱이 유력 매체의 특파원이라는 삼중의 남다른 자격을 가진 아렌트였다. 재판부가 특별한 호의를 베풀었다. 수감된 아이히만을 직접 면담할 기회를 제공한 것. 아렌트는 좀 더 입체적으로 아이히만을 관찰하고 소통할 수 있었다. 아렌트는 재판 참관과 면담, 개인적인 조사를 토대로 『뉴요커』에 5회에 걸쳐 연재 기사를 싣는다. 이 기사들은 이후 『예루살렘의 아이히만: 악의 평범성에 대한 보고서』라는 제목으로 출판된다.

아렌트에게 재판 참관은 심각한 시련이었다. 피해자의 한 명으로서 재판을 지켜보는 것, 아이히만을 면담하는 것 모두가 큰 고통이었다. 하지만 더 큰 고통은 『뉴요커』 연재 기사와 이후 출간한 책에 대한 유태인 사회의 격렬한 비판에서 비롯됐다. 아렌트는 이 기사들과 책의 출간으로 유태인 공동체에서 고립됐다. 도대체 책의 내용이 어땠길래 그랬을까?

아렌트는 숙고 끝에 유태인 학살의 실무 지휘자 아이히만이 지극히 평범한 사람이라는 결론을 내렸다. 그는 나치 이데올로기나 반유태주의에 심취했다는 의미에서의 악의 화신이 전혀 아니었다. 아이히만은 출세욕이 조금 강했을 뿐 그저 평범하기 짝이 없는 관료에 지나지 않았다. 아이히만은 단순한 관료, 그러니까 이 지구상에 수없이 존재하는 영혼 없는 관료 중 한 명에 불과했다. 아렌트의 증언에 직접 귀를 기울여보자.

> 그의 경우에는 유태인에 대한 광적인 증오심을 갖거나 광신적인 반유태주의 혹은 그와 같은 종류의 것을 주입받지 않았다. …… 그는 그냥 자신이 무엇을 하고 있는지 결국 깨닫지 못했을 따름이었다. 그는 바보는 아니었다. 그가 현 시기 가장 악독한 범죄자 가운데 한 사람이 된 것은 아무 생각이 없었다는 점, 바보스러움과는 결코 같지 않은 어떤 것, 이것 때문이었다.

한 발 더 나아가 아렌트는 피해자인 유태인 자신의 책임까지 물었다. 나치는 유태인들을 관리하기 위해 유태인평의회라는 조직을 만들었다. 아렌트는 유태인평의회 조직이 나치를 대신해서 유태인을 억압했고 심지어 유태인 학살을 돕거나 직접 실행하기도 했다고 고발했다. 나치의 유태인 학살에 유태인 자신의 자발적 협력이 있었다는 말이다.

악의 화신이라고 믿었던 가해자는 알고 보니 악마가 아니라 그저 평범한 인간이었을 뿐인 반면, 일방적 희생자라고 여겨온 피해자는 그중 일부가 나치와 공모한 존재들이었다. 아렌트는 피해자와 가해자, 선과 악의 단순하고 선명한 이분법 구도를 해체했다. 유태인 사회는 경악했다. 아렌트는 유태인의 공공의 적으로 규정되었고, 절친했던 친구 여러 명이 공개적으로 절교를 선언했다.

아렌트는 어쩌다가 자신을 사회적으로 파멸시킬 고통스런 결론에 이르게 되었을까? 아렌트는 책에서 그 과정을 소상하게 밝히고 있다. 아렌트는 아이히만을 유심히 관찰하는 과정에서 어떤 '언어 구사상의 특징'을 발견하게 된다. 아이히만은 자신의 감정까지 포함하여 세상의 모든 일을 설명하는 데 관료 사회의 용어만을 사용했다. 아이히만은 "정말이지 상투어가 아닌 단 하나의 문장도 표현할 줄 모르는" 인물이었다. 그는 뼛속까지 관료였다. 상투적인 공무원 사회에 그야말로 상투적으로 적응한 사람이었다. 언어 사용상의 '무능력'은 좀 더 본질적인 무능력을 반영했다. "그의 말을 들으면 들을수록 더 명확해지는 점은 말하지 못하는 그의 무능력이 생각하지 못하는 무능력, 다시 말해 다른 사람의 관점에서 생각하지 못하는 무능력과 밀접하게 관련되어 있다는 사실이다."

이 특징으로부터 아렌트는 논란에 가득 찬 논제를 제시한다. 파시즘, 나아가 특정 인종에 대한 홀로코스트를 일으킨 진짜 원인은 과연 무엇인가? 사악한 집단이 치밀하고 의도적으로 유도한 집단 광기인가, 아니면 권위에 대한 생각 없는 복종이 원인인가? 아렌트는 사악한 의도를 강조하던 학계의 지배적 해석, 즉 의도주의적 해석에 맞서 나치, 나아가 전체주의를 구성하는 다양한 기구들, 그들 간의 대립과 경쟁이 낳은 위기가 홀로코스트를—아마도—우발적으로 낳았다는 기능주의적 해석의 길을 열었다.

아렌트 이전까지 파시즘과 홀로코스트에 대한 지배적인 믿음은, 일군의 사악한 인간들이 치밀한 선전 선동을 통해 집단 광기를 불러일으켰고, 거기에 순진한 대중이 속아 넘어갔다는 선명하고 단순한 구도에 기초하고 있었다. 많은 평범한 독일인들이 이렇게 나치 시대를 기억했다. 독일인은 물론이고 세계인 대다수의 생각도 이랬다. 파시즘과 홀로코스트는 명백히 가해자를 가릴 수 있는, 법적 도덕적 책임을 물을 책임자가 존재하는 범죄라는 것이다.

그런데 만약 그 사악한 범죄가 확실히 잘못을 저지른 어떤 주체를 지목하기 어려운 상황에서 일어난 것이라면 어떻게 될까? 홀로코스트가 관료 사회의 위계질서, 다양한 기구들과 개인들 사이의 경쟁, 사회 구조에 대한 복종과 순응이라는 지극히 일상적인 상황이 겹치면서 초래된 비극이라면 어떻게 보아야 할까? 우리는 누구에게 책임을 묻고 누구를 처벌해야 하는가?

물론 여기서 반론이 나올 수 있다. 선악의 구분이 불분명한 경계 지점이 있는 건 사실이라 하더라도, 나치의 유태인 학살이나 일본군이 저지른 난징대학살은 그런 경우에 속하지 않는다는 것이다. 그 같은 무차별 학살은 결코 저질러서는 안 될 죄악이라는 원초적이고도 보편적인 도덕 감정이 인간에게는 존재한다는 주장이다. 그토록 끔찍한 대학살을 "위에서 시키니까 했다"든지, "남들이 다 하니까 나도 했다"는 식의 상황 논리로 정당화할 수 없다는 반론이다.

이 반론은 단순하게 넘기기 어렵고 숙고할 가치가 충분하다. 사실 아이히만은 유태인 학살이라는 임무를 거절할 수도 있었다. 처벌받거나 의심받지 않을 수준에서 이직이나 사직이라는 대안을 선택할 수도 있었다. 뉘른베르크의 전범재판과 많은 사후 연구들이 보여주었듯이, 학살의 실행을 거부했다고 해서 처벌받은 나치 친위대원들은 없었다. 하지만 그는 그런 대안을 선택하기보다는 유태인 전문가라는 자신의 전문 영역에서 출세하는 쪽을 '선택'했다.

아이히만은 재판에서 자신이 단 한 명의 유태인도 죽이지 않았다고 항변했다. 학살의 실무 총책임자이기는 했지만, 바로 그렇기 때문에 학살의 결정에는 책임이 없다는 것이다. 아이히만은 "내가 아니더라도 누군가는 그 역할을 수행했을 것"이라고 강변하기도 했다. 무엇보다도 이런 변명을 덧붙였다. "나는 지구상의 모든 공무원이 지금도 날마다 하고 있는 일을 했을 뿐이다. 다만 조금 더 열심히 잘했을 뿐." "나는 신에게는 죄를 지었다. 그러나 인간의 법 앞에서는 죄를 짓지 않았다." 아이히만은 끊임없이 자신이 판단하지 않았다고, 결정하지 않았다고, 그럴 만한 자리에 있지 않았다고 주장했다. 아이히만에 맞서 검찰은 그가 관료이기 이전에 인간이라면 판단해야 했다고 주장했다.

아이히만은 15가지 죄목으로 사형선고를 받고 결국 처형되었다. 아렌트가 아이히만을 무죄라 생각했다고 오해해서는 안 된다. 아렌트도 그의 사형을 지지했다. 아렌트가 강조한 것은 유태인 학살이라는 범죄 행위를 반유태주의라는 맥락으로 접근해서는 안 된다는 점이었다. 아렌트는 유태인이라는 한 집단을 학살한 행위는 인류의 다양성이라는 존재 조건을 말살한 범죄라는 점에서 유태인에 대한 범죄라기보다는 인간성 자체에 대한 범죄, 즉 '인류에 대한 범죄'라고 보았고, 사형이 옳다고 믿었다.

아이히만의 평범성에 대한 아렌트의 해석과 주장에 대해서는 많은 합리적 비판이 제기되었다. 역사적 사실에 관해서라면 그녀는 많은 오류를 저질렀으며, 그 때문에 홀로코스트를 연구하는 역사가들에게 아렌트의 책은 참조 대상이 못 된다고 한다. 아이히만을 비롯한 학살자들이 나치 이데올로기에 심취하지 않은 평범한 관료였다는 주장에 대해서도, 그들이 나치 이데올로기를 비롯해 다양한 이데올로기에 심취한 자들이었다는 비판이 제기되었다. 아이히만이 처음부터 나치 이데올로기에 심취하지는 않았지만 출세의 길을 걷는 동안 점차 그 이데올로기를 내면화했고, 그저 수동적으로 지시를 실행한 것이 아니라 자발적이고 적극적으로 행동했다는 반론도 있다. 나 역시 아렌트가 맞다고 주장하려는 게 아니다.

보통사람의 윤리적 책임: 창씨개명의 사례

이제, 친일 문제를 다루면서 왜 아이히만과 아렌트에 관한 이야기로 시작했는지를 이야기하겠다. 그것은 '보통사람의 윤리적 책임'이라는 주제 때문이다. 체제가 저지른 악에 대해 거의 아무런 결정권을 갖고 있지는 않지만 아무튼 그 체제 안에서 살아가야만 하고, 성공의 욕망도 갖게 되고, 결국 어느 정도 불가피하게 악에 연루될 수밖에 없는 보통사람을 고민의 초점에 올려놓기 위해서다. 한국 사회에서 친일 과거사 문제가 논란이 될 때마다 집중되는 관심은 대개 일제시기에 사회의 상층부를 차지한 사람들, 기득권자들의 친일 행적이다. 보통사람들의 친일 문제는 단지 보수 세력의 물타기 소재로서만 등장한다. "일제시기에 세금 낸 보통사람들도 체제에 협력했다는 점에서는 다 친일"이라는 소설가 복거일 식의 논리가 전형이다. 이런 억지 논리는 반감만 불러일으킨다.

이런 물타기와 분명히 선을 그으면서, 나는 보통사람의 친일이라는 주제를 우리가 진지하게 대면해야 한다고 본다. 다시 강조하지만 일제시기에 보통사람들이 친일했다고 주장하려는 것이 아니다. 보통사람 또한 윤리적 판단이라는 책임으로부터 면제될 수 없다는 걸 강조하고 싶은 것이다. 친일파 옹호 세력이 보통사람도 다 친일했다며 물타기 주장을 할 때, 그에 대해서 힘없는 보통사람은 그냥 순응해야지 어쩔 수 있었겠냐고 말한다면 궁색한 변명에 지나지 않는다. 역사는 보통사람이라고 해서 윤리적 판단의 의무를 면제해주지 않는다. 어쩔 수 없이 순응해야 하는 권력의 압력 앞에서 보통사람도 판단을 내려야 하고 선택을 할 수밖에 없다. 그만큼 책임도 생긴다.

이 문제를 따지기 위해 일제의 한민족말살정책 가운데 대표 사례로 인식되는 창씨개명의 경우를 검토해보자. 이 악명 높은 정책은 미나미 지로南次郎 총독이 황민화 정책을 강력히 밀어붙이던 1940년에 실시되었다. 일제는 창씨개명을 통해 동성동본 문중의 부계 혈통을 드러내는 조선의 전통적 성姓 제도 대신, 개별 가족이 하나의 단위가 되어 씨氏를 공유하는 일본식 이에家 제도를 이식하려 하였다. 먼저, 한 가지 사실부터 짚고 넘어가자. 한국의 성과 일본의 씨는 얼핏 보면 비슷해 보여도 매우 다른 가족 관념, 가족제도에 기초하고 있다. 일제의 1930년 조사에 따르면 당시 조선인의 성은 250가지였다. 동성동본의 수많은 한국인은 서로를 한 조상의 후손으로 여긴다. 또한 한국인 남성은 대개 항렬에 따라 이름을 짓기 때문에 부계 혈통에 더해 세대까지 성명에서 드러난다. 반면 일본인의 씨는 10만 가지가 넘었다. 이렇게 씨가 많다면 같은 씨는 가까운 혈연관계라 생각하기 쉽지만, 대부분 우연의 일치일 뿐이다. 일본인들이 서로 이름이 비슷한 사람을 만났을 때 혹시 항렬이 같은 친척이 아닐까 하고 생각하는 일은 없다. 일본인에게 '씨'는 개별 가족이 공유하는 것이기 때문이다. 이를 '1씨 1가족주의'라고 부른다.

그렇다면 조선인이 전통적 성을 버리고 일본식 씨와 이름을 쓰는 것이 왜 황민화 정책의 핵심이었을까? 일본은 메이지유신을 통해 서구적 근대화의 길로 들어섰지만, 바로 그 메이지헌법은 천황을 신성불가침의 국체이자 주권자로 받드는 천황제 국가를 표방했다. 일본은 서구를 모방하면서도 인민 주권이라는 서구 민주주의의 본질은 외면한 채 일본적 특수성이라는 명분으로 천황제의 확장을 추구했다. 천황가가 일본인의 큰집, 즉 종가가 되고, 천황은 어버이가 된다. 개별 가족, 즉 이에家는 천황가의 분가가 되어 일본인은 자식으로서 어버이 천황에게 충성한다. 이것이 근대 일본이 수립한 천황제 가족국가라는 기괴한 모델이었다.

그러나 조선의 가족제도에서 왕실이 뭇 가문의 종가라는 사고방식은 자리 잡을 곳이 없다. 임금은 백성의 어버이 노릇을 자임했지만, 그것은 어디까지나 상징적이고 윤리적인 차원이었다. 동성동본의 계보를 밝힌 족보가 버젓이 존재하고 종가들이 건재해 있는 이상, 일본식 천황제 가족파시즘은 조선인의 내면에 결코 이식될 수 없었다. 일제시기 경찰이 적발한 불온 낙서 중에는 '천황 바보' 같은 천황 비하 낙서가 가장 흔한 축에 속했다. 천황을 살아있는 신이자 어버이로 숭상하는 일본인으로서는 상상도 할 수 없는 불경죄였다. 조선인으로서는 그깟 천황이 뭔데 싶었다. 미나미 지로를 비롯해 일제의 수뇌부는 일본식으로 가족마다 씨를 창설하고 이름을 고쳐서 조선인 가족을 천황가의 분가로 만들어야만 이 불경의 근원이 없어질 수 있다고 생각했다.

창씨개명은 어떻게 진행됐을까? 신고주의에 기반했으니 제도상으로는 강제가 아니었다. 뿌리 깊은 가족제도와 관습에 강제 변경을 밀어붙이기는 일제로서도 부담스러웠다. 1940년 2월 11일부터 8월 10일까지 창씨개명한 사항을 행정관서에 자진 신고하게 했다. 창씨개명을 하지 않아도 처벌 조항은 없었다. 총독부가 일본 제국의회에 보고한 자료에 따르면, 마감일인 8월 10일까지 80.3%의 조선인이 창씨개명 신고를 했고, 1941년 말에는 81.5%에 이르렀다.

이 두 가지 사실을 토대로 일본 측에서는 곧잘 창씨개명은 강요한 게 아니라 조선인들이 원해서 실시됐고, 대다수 조선인이 적극적으로 따랐다는 주장을 내세우곤 한다. 2003년 아소 다로麻生太郎 당시 내무대신의 망언이 대표적이다. 한국의 교과서 설명은 이렇다. 일제는 형식적으로는 신고주의를 채택했지만, 신고 기간 초기에 창씨개명을 따

창씨개명 광고 『매일신보每日新報』 1940년 6월 10일 자에 게재된 광고이다. 오른쪽에 신고 기한이 두 달 남았다고 씌어 있다. (출처: 국립중앙도서관 대한민국 신문 아카이브)

른 조선인이 매우 적다는 데 충격을 받고 모든 행정조직을 총동원하여 창씨개명을 하지 않은 이들에게 각종 불이익을 가하겠다는 협박으로 사실상 강제했다. 맞다. 2월 말까지 신고 호수戶數는 0.3%에 지나지 않았고, 독려에도 불구하고 4월 말까지 3.9%에 그쳤다. 총독부는 갖은 수단과 협박으로 창씨개명을 억지 실시케 했다. 창씨개명을 하지 않은 조선인에 대해서는 총독부 및 기타 관공서 취업을 허락하지 않는다거나, 행정 처리를 접수하지 않는다거나, 학교 전학을 허용하지 않는다거나, 일본으로의 도항허가증을 내주지 않는 등 이런저런 제재를 가했다. 어느 것도 공식 법률에 의한 처벌은 아니었지만 정상적인 생활에 많은 피해를 일으키는 행정적 제재였다.

창씨개명, 따르면서 비틀기

창씨개명을 스스로 원해 적극적으로 이행했다는 주장과, 강제에 의해 할 수 없이 따랐다는 두 가지 주장이 대립하고 있다. 전자는 고려할 가치가 없다. 그렇다고 후자가 흔쾌히 받아들일 수 있는 주장도 아니다. 보통사람은 권력이 시키면 시키는 대로 따르는 존재에 불과하다고 보는 인식처럼 보인다. 인간은 압력이 있으면 그것을 실행하는 허수아비에 불과할까? 인간은, 보통사람이라 해도 그냥 허수아비 같은 존재가 아니다. 실제 진행 과정은 훨씬 복잡했다.

독립투사도 아닌 보통사람이 창씨개명에 따르는 것은 어쩔 수 없는 일에 가깝기는 하다. 끝까지 창씨개명을 하지 않은 보통사람들도 있었고, 심지어 창씨개명을 할 수 없다며 스스로 목숨을 끊는 경우까지 있었지만 아무래도 소수였다. 힘없는 보통사람은 지배에 순응할 수밖에 없다는 논리를 받쳐주는 정황들이다. 그렇다고 해서 보통사람들이 '생각 없이'(!) 창씨개명에 응한 것은 아니었다. 보통사람들은 놀랄 만큼 창의적인 대응을 통해 일제의 의도를 비틀기도 했다.

잘 알려진 사실이지만, 대다수 조선인은 창씨를 하면서도 원래 성을 최대한 드러내려 했다. 예를 들어 김金은 본래 김씨였다는 의미에서 단체로 김본金本으로 창씨했다. 창씨개명 신고를 접수하던 면사무소는 곧 이런 식의 창씨 신고를 반려했다. 창씨개명의 핵심 목표는 가문이 공유하는 성을 가족 단위의 씨로 분할한다는 것이었다. 단체로 똑같이 창씨를 하면 가문이 여전히 드러나는 셈이니 창씨개명의 취지에 반했다. 접수가 반려되자 일부는 김본金本으로, 다른 일부는 이를테면 원래 김씨라는 뜻에서 김원金源으로, 또 일부는 사는 동네의 특징을 따라 김촌金村, 김산金山, 김강金江, 김천金川, 김하金河, 김해金海 등으로 바꿨다. 이제는 접수를 받지 않을 도리가 없었다. 안동 권씨 중 일부는 안권安權으로 본관과 성을 합쳐서 창씨했고, 평산 신씨는 본관 지명을 따서 평산平山으로, 청주 한씨는 청원清原으로 창씨하기도 했다. 어느 경우든 부계 혈통을 드러내는 것이었는데, 이는 결국 조선인이라는 뿌리 의식과 연결되었다. 게다가 대부분의 경우에 창씨는 종친회의 논의를 거쳐 결정됐다. 가문의 힘을 약화하려던 전략이 오히려 가문의 활동과 결집을 고취했다. 이 시기 편찬된 족보들을 보면 다수 사례는 창씨한 이름이 아예 기록되어 있지 않고, 일부 기록되어 있는 경우에도 본래 이름과 병기했다. 조선인들은 자기 이름을 포기하지 않았다.

더욱 흥미진진한 사례도 있다. 전병하田炳下라는 농민은 전농병하田農炳下로 창씨개명했는데, 이 글자의 일본어 독음은 '덴노헤이카でんのうへいか'이다. 거의 똑같은 발음의 '덴노헤이카てんのうへいか'는 천황폐하天皇陛下를 뜻한다. 남태랑南太郎(미나미 타로)으로 창씨개명한 사례도 있었다. 미나미 집안의 큰아들(太郎)이라는 뜻이다. 당시 총독 미나미 지로南次郎(남차랑)의 이름이 미나미 집안의 둘째 아들이라는 뜻이므로, 자신이 총독의 형이라는 뜻을 지닌 이름인 것이다. 어느 경우건 신

고는 접수되지 않았고 경우에 따라 큰 곤욕을 치르기도 했지만, 창씨개명에 대한 당대 보통사람들의 반감을 잘 보여준다.

창씨개명에 응하면서도 이토록 비틀기 전략을 고집한 것을 민족말살 정책에 대한 보통사람들의 '민족주의적' 저항이라고 해석할 수 있을까? 그렇게 단정하기는 어렵다. 창씨개명에 대한 조선인들의 반감은 무엇보다 부계 혈통에 대한 강력한 신념에서 나왔다. 창씨로 동성동본의 한 가문 씨가 서로 달라진다면 동성동본 간에도 혼인이 이루어질 테고 성이 다른 이성양자 입적도 행해질 수 있으리라는 공포가 사람들을 짓눌렀다. 물론 이 공포의 밑바탕에는 동화될 수 없는 민족적 차이에 대한 인식이 자리 잡고 있었을 거라는 점에서 민족주의적 저항의 측면도 있다고 볼 수 있다. 일본식 창씨개명에 대한 민족적 저항감과 세계적으로 가장 강력한 부계 혈통주의를 고수하는 완강한 고집 모두가 뒤얽혀서 창씨개명을 대하는 조선인의 태도에 작용했다. 어느 쪽이 본질적이라고 쉽게 말하기 어렵다.

사실 창씨개명, 나아가 황민화 정책 자체가 복잡하고 상호 모순적인 측면들로 가득 차 있었다. 일제가 모든 사람에게 창씨개명을 강요한 것은 아니다. 예외 취급을 받는 경우가 있었다. 우선 조선 왕실과 종친이 예외가 되었다. 일본 천황가에 씨가 없듯이 일본 황족으로 편입된 조선 왕실 역시 씨가 없는 것으로 간주됐기 때문이다. 또 내로라하는 친일파 인사도 예외가 됐다. 윤치호, 박흥식, 홍사중, 박춘금, 윤덕영 등이 사례다. 창씨개명이 강제가 아니라는 선전거리로 이런 자들이 필요했다는 증언들이 믿을 만하다. 일본인 씨와 외형상 같은 성을 쓰는 사람들도 창씨개명을 할 필요가 없었다. 류柳(야나기), 남南(미나미), 임林(하야시), 계桂(가쓰라) 등이 이에 속했다. 예외 취급까지는 아니더라도 강요받지 않은 사람들도 있었다. 연희전문학교와 보성전문학교 등의 교수진, 기독교 계통 학교의 교원들, 그 외 총독부 산하 반관반민 기관의 양반 출신 사무원들도 압력을 받지 않았다. 일제는 이들의 조선식 성 고집을 배일 행위로 보기보다는 출신에 따른 자존심의 문제로 보고, 공식 석상에서 자기 성을 일본식으로 발음하는 것만 확인하면 불이익을 주지 않았다. 일제시기 유명 법학자였던 보성전문학교 교수 유진오는 "이제 곧 한다"고 둘러대어 별다른 압력 없이 창씨개명을 피할 수 있었다고 증언한 바 있다.

물론 적극적인 친일파 중에는 완전히 일본식으로 창씨개명을 한 사례도 발견된다. 하지만 창씨개명 과정에 대한 연구가 깊이 진전되면서 밝혀진 흥미로운 사실은, 완전한 일본식 이름은 오히려 신고 과정에서 대개 접수되지 않았다는 점이다. 겉으로는 내선일체를 소리 높여 외쳤지만 실제로는 일본인과 구별되지 않는 이름은 접수를 거부했다. 완벽한 내선일체의 실현은 일제 자신도 원치 않았다. 조선인과 일본인은 구별되어야 했다. 구별은 차별의 전제 조건이었다. 그것이 식민 지배의 기본 조건이었다.

창씨개명은 미나미 지로 총독이 자기 업적으로 내세우기 위해 무리하게 밀어붙인 정책이었다. 실제로는 조선총독부 산하 경찰 기구인 경무국조차 반대하는 일이었다. 외모상 일본인과 거의 구별되지 않는 조선인이 이름에서조차 구별되지 않으면 치안상 심각한 문제가 발생할 수 있다고 보았다. 일본 본국 정부도 반대편에 가까웠다. 조선인을 진짜 일본인으로 받아들일 생각 따위는 없었다.

창씨개명의 정치학은 결코 단순하지 않다. 일제의 강압에 못 이긴 힘 약한 대다수 보통사람들이 창씨개명에 순순히 응했다고 보는 것도 일면적이고, 그들이 민족주의적 저항에 나섰다고 보는 것도 단편적이다. 보통사람들은 비틀기 전략으로 일제에 타협했지만, 그 타협 과정에는 윤리적 판단이 작동했다. 권력의 위협에 응하되 전통적인 가족 윤리도 고수해야 한다는 어려운 윤리적 고민을 감당해야 했다. 이것은 찬양이나 비판의 대상이 아니라 성찰의 대상이다. 인간은, 보통의 인간은 권력에 정면으로 맞서기 어렵지만, 그렇다고 해서 무작정 순응하는 것도 아니다. 그 윤리적 고민과 성찰은 때로 잠재되어 있지만 계기를 만나면 강하게 분출하기도 한다. 그래서 민중은 마치 풀처럼 가장 빨리 눕는 것처럼 보이지만 가장 빨리 일어서는 것이다. 누운 풀에게조차 윤리적 고민은 거세되지 않는다.

보통사람은 역사의 관객일까?

현대 한국인들은 상황에 타협하지 않고 원칙을 고수하는 사람을 향해 곧잘 "너 독립운동하냐?"라고 놀리곤 한다. 그 말에는 독립운동이란 무언가 매우 특별하고 우리의 일상과는 동떨어진 선각자적 결단과 희생이 요구되는 영웅적 행동이라는 전제가 깔려 있다. 동시에 선각자가 아닌 대다수 보통사람은 그런 고민의 무게로부터 면제되어 있다는 전제도 깔려 있다. 보통사람들의 자리는 방관자의 자리가 된다.

여기에 영웅과 악당의 대결이라는 전형적인 구도가 덧붙여지면 역사라는 드라마의 플롯이 완성된다. 평범한 사람들, 보통사람들은 이 갈등 구조에서 제거된다. 대신 이들에게는 역사의 관객이라는 자리가 부여된다. 관객은 울고 웃고 손뼉을 치는 존재다. 이들에게 요구되는 최고의 윤리적 덕목은 싸우는 독립투사들, 영웅에 대한 존경이다. 나는 비겁해서 못 싸우지만, 싸우는 당신을 존경합니다라는. 두려워서 저들에 맞서지 못하지만, 저들을 증오합니다라는.

이런 대립 구도는 매우 간명해서 이해하기도 쉽고 때로는 정치적으로 도움이 되기조차 한다. 소수를 절대악과 절대선으로 나눠 규정하고, 절대다수 민중은 죄 없는 피해자로, 영웅에 대한 응원자로 만들 수 있기 때문이다. 절대악 기득권층에 대한 분노를 불러일으키기 용이해서 정치적 행동으로 이어지기도 쉽다.

반면, 평범한 보통사람의 윤리적 책임과 행동을 강조하게 되면 사태에 대한 이해는 복잡해지고 전선도 불분명해지기 쉽다. 선악의 대립 구도가 불분명하니 분노의 대상 설정과 그에 대한 행동을 촉구하기도 어려워진다. 물타기라는 비판도 일리가 있다. 이 말을 좀 더 진지하게는 '책임의 무차별적 동일시'라고 표현할 수 있다. 책임 있는 자리에 있으면서 적극적으로 협력하여 많은 이들에게 피해를 안긴 사람들과, 힘이 없어서 체제에 순응할 수밖에 없었던 보통사람들의 책임을 무차별적으로 동일시함으로써 결과적으로 책임을 분산시켜버린다는 비판이다. 진지하게 숙고해야 할 비판이다.

일리 있는 비판이지만, 나는 여전히 '절대악 친일파 대 절대선 독립
투사'라는 구도를 이제는 재고해야 한다고 생각한다. 이 구도 속에서
는 다른 무엇보다 '우리 자신'에 대해 성찰할 기회가 없기 때문이다.
예컨대 많은 이들에게 감동을 안겨주는 우당 이회영 선생 일가의 독립
운동과 희생에 대한 이야기를 생각해보자. 나 역시 대학원 시절에 그
에 관한 책을 읽고 무척 감동받았다. 진정한 보수로 널리 칭송받는 사
례다. 이전부터 널리 알려진 김구 선생이나 안중근 의사 등에 대한 존
경도 마찬가지다. 이들에 관한 위인전은 이들을 극한의 상황을 이겨낸
초월적 영웅으로 만들곤 한다. 평범하기 짝이 없는 우리들 보통사람으
로서는 비범한 그들을 숭상하는 것 외에는 달리 할 수 있는 게 없다.
왜냐하면 이 영웅들을 존경하는 이유 자체가 보통사람은 결코 하지 못
할 일을 했다는 것이기 때문이다.

독립투사에 대한 존경이나 역사적 조망을 하지 말자는 이야기가 아
니다. 초점을 옮기자는 이야기다. 이들을 숭고한 메시아적 영웅으로
만들지 말고, "나처럼 평범한 사람인데 어떻게 자기 껍질을 깨고 나왔
을까"로 초점을 옮겨야 한다는 말이다. 그들도 영웅이기 이전에 인간
이었다. 『안응칠 역사』에서 스스로 밝혔듯이 안중근은 성마른 성격에
다혈질이었다. 어린 시절, 툭하면 공부는 안 하고 산으로 들로 사냥을
다녔다. 요즘 식으로 말하면 문제아 기질도 다분했다. 술과 노래, 춤을
즐겼으니 기생도 잘 찾았고, 심지어 기생을 때린 일도 있었다. 돈을 벌
겠다고 채표 회사, 요즘으로 치면 복권 회사를 차리기도 했으니 안중

근은 한국 사행산업의 선구자였다. 독립군을 이끌던 1908년에는 포로가 된 일본군을 부하들의 반대를 무릅쓰고 풀어줬다가 그로 인해 도리어 공격을 받아서 부하들 대부분이 죽는 큰 과오를 저지르기도 했다. 안중근은 영웅적 기질도 있었지만 우리들 보통사람처럼 인간적 결함도 있었고, 허물도 적지 않은 인물이었다. 과오를 뼈에 새기고 목숨으로 갚았다. 그는 진화해간 사람이었다.

김구도 마찬가지다. 이승만과 대조되어 성인처럼 더욱더 추앙을 받는 인물이지만 사실 독립운동을 하던 내내 그는 극우 노선에 가까웠고 독립운동의 좌우 단결을 크게 저해했다. 해방 후 귀국해서도 초기에는 친일파 척결에 적극적이지 않았다. 그가 거주한 경교장이 금광으로 거부가 된 친일파 최창학에게서 선물 받은 가옥이라는 사실은 유명한 이야기다. 김구가 독립운동가 중에서도 특별히 존경받게 된 이유는, 민족의 분단에 맞서 이전의 자기 틀을 깨고 좌우합작의 담대하고도 신념에 넘치는 행보를 해나갔기 때문이다.

독립투사에 대한 신화화는 보훈처가 이미 잘 수행하고 있는 중이다. 보훈사업에서 민중은 자신과 다른 비범한 존재들을 숭배하는 수동적 역할로도 충분하다. 하지만 그런 식의 숭배에서는 약점을 가진 한 인물의 윤리적 고뇌, 진화, 극복에 대한 공감과 성찰이 곧잘 제거된다. 많은 경우, 그런 존경은 그들을 존경할 수 있는 나 자신에 대한 만족 또는 감동으로 그치곤 한다.

이런 식의 사고 경로는 친일파에 대한 태도에서도 동일하게 적용될 수 있다. 친일파는 왜 친일파가 되었는가? 그들이 출세욕이 강했다거나 용기가 부족했다는 등의 이유로 친일파가 되었다는 식의 접근으로는 친일파도, 우리 자신도 이해할 수 없다. 친일파가 된 이유는 처음부터 그럴 만했기 때문이라는, 원래 나쁜 놈이기 때문에 나쁜 짓을 했다는 동어반복이 될 뿐이다. 사고의 흐름이 이렇다면 배울 것도, 성찰할 것도 없다. "나와 같이 평범한 사람이었는데 어떻게 친일파가 되었는가?"라는 질문이 우리를 성찰하게 하고 나아가게 한다.

역사를 공부하는 이유: 패턴이나 법칙을 찾아내기?

이제 이 책을 마무리하는 주제로 들어갈 시간이다. 친일 과거사 청산 논란은 결국 역사를 어떻게 볼 것인가라는 질문으로 연결된다. 우리는 왜 역사를 공부할까? 꼭 시험 때문이 아니더라도 많은 사람이 역사에 흥미를 느껴서 읽고 공부한다. 그냥 재미로만 여기지 않고 무척 중요하다고 생각해서 진지하고 치열하게 논쟁을 벌이기도 한다. 학생들은 대학입시에 필수과목으로 지정된 역사를 힘들게 공부하고, "역사를 잊은 민족에게는 미래가 없다"는 경구를 되뇌인다. 역사는 우리가 꼭 알아야 할 가치 있는 지식이라고 여긴다. 당신은 역사 지식이 어떤 면에서 공부할 가치가 있다고 믿는가?

몇 가지 주장이 있다. 어떤 이들은 역사가 반복된다는 데서 역사 지식의 공부 가치를 찾는다. 이 순환론적 역사관에서 역사는 특정한 패턴들이 반복 운동을 하는 순환의 공간이다. 단골처럼 등장하는 사례

중 하나가 19세기 한말과 21세기 현대의 비교다. 열강들이 한반도를 둘러싸고 다툼을 벌이는데, 지배층은 사분오열에다 부정부패에 젖어 있고, 백성은 도탄에 빠져 신음하고 있다. 19세기 한말의 결과가 식민지 전락이었음을 기억한다면, 지금 당장 정재계의 부정부패를 일소하고 경제적 사회적 절망의 나락에 빠진 민중을 구하며, 온 국민이 단결하는 것만이 조국의 운명을 구하는 길이다, 운운.

이 같은 주장은 꽤 설득력 있고 애국심도 충만해 보이지만 꼼꼼히 따지고 들어가면 그만큼이나 약점도 많다. 우선 역사가 반복한다는 주장은 검증될 수 없다. 무엇이 얼마나 유사하게 반복되는지 정의하기도 매우 어렵고, 검증도 사실상 불가능하다. 그저 비유일 뿐이다. 생각해보면 19세기 말과 지금의 상황은 비슷해 보이는 만큼이나 엄청나게 다르다. 지금은 남한만 볼 때 OECD 회원국 중 세계 10위권의 경제력을 자랑하고 군사력도 세계 6위권을 오간다. 식민주의 지배의 역사가 끝난 지도 오래다. 식민주의는 끝났어도 국가 간에 여전히 힘의 논리가 지배하고 있다는 점에서 그때나 지금이나 똑같다는 주장이라면, 차라리 그건 언제나 맞는 말이기 때문에 19세기와 지금이 특별히 유사하다는 주장의 논거가 되지 못한다. 국가 사이에는 힘의 논리뿐이라는 주장이 언제나 옳은지는 차치하고서라도 말이다.

역사의 반복에서 역사 공부의 가치를 찾는 견해는 꽤 많은 경우에 건강부회식 논리로 사용된다. 자신이 주장하고 싶은 바를 정당화하기 위해 역사의 특정한 측면만 부각하고 다른 면은 축소하는 소위 부조식 수법이다. 똑같은 19세기 말 상황을 두고 누군가는 쇄국으로 망했다며 시장 개방과 자유무역을 정당화하는 논거로 사용하는가 하면, 누군가는 정치 세력들이 제각각 특정 외세의 앞잡이로 전락했던 현실을 비판하며 자주성을 강조하기 위한 근거로 삼는다. 역사의 반복은 그야말로 비유로만 생각하는 게 좋겠다. 좋은 비유의 소재를 얻는 것만으로도 역사 공부의 가치는 충분하겠지만, 비유가 논증은 아니다.

역사 공부의 가치를 강조하는 또 다른 시각 중에는 과거를 공부하면 미래가 보인다는 입장도 있다. 역사에는 과거에서 현재를 거쳐 미래까지 관통하는 어떤 일관된 법칙이 있어서, 과거 연구를 통해 그 역사법칙을 알게 되면 미래의 변화도 예측할 수 있다는 생각이다. 그 전형은 교조화된 마르크스주의 역사유물론이다. 인간의 역사는 생산력과 생산관계 사이의 역동적이고 모순적인 상호작용이 이어지는 과정이며, 이 모순을 극복하면서 원시공산제에서부터 봉건제를 거쳐 자본주의까지 생산양식 및 사회구성체가 법칙적으로 변화해온 것이라는 주장이다. 자본주의 또한 기존의 역사적 사회구성체들과 마찬가지로 생산력과 생산관계의 모순에 빠지게 되고, 그다음은 새로운 사회구성체, 즉 공산주의가 도래한다는 것이다.

이런 사고방식은 마르크스주의 역사철학에만 있는 고유한 경향이 아니다. 마르크스주의가 탄생한 고향인 계몽주의의 진보사관 자체가 이런 경향을 갖고 있다. 인류 사회가 신학의 단계에서 형이상학의 단계를 거쳐 실증적인 단계로 진화한다는 오귀스트 콩트(Auguste Comte)의 3단계 진화 법칙이 대표적이지만, 계몽주의는 대개 어떤 형식이든 인류의 역사가 법칙성을 띠고 특정 방향을 향해 진보하며 우리는 과거의 공부를 통해 미래를 예견할 수 있다고 가정한다. 1960년대 이래 부상한 미국의 역사사회학에도 이런 사고방식의 편린이 남아 있다. 미국 사회학의 통계학적 특성과 결합하여 여러 사회들의 역사적 변화 과정을 통계화하고 비교함으로써 통계적 규칙을 발견하고 미래를 예측, 대응하고자 한다.

역사에 대한 법칙적 이해가 옳은지 그른지 단정하기 어렵다. 예를 들어 자본주의사회 안에서 자본주의적 역사법칙이 관철된다는 것은 어떨까? 이는 분명한 사실이다. 무슨 수를 써도 호황이 지속될 수는 없다는 것을, 자본주의의 경기순환은 숙명적 법칙이라는 것을 우리는 수없이 확인했다. 1990년대 말, 2000년대 초반, 미국 경제가 근원적인 기술혁신의 결과 고성장과 저물가를 지속할 수 있는 신경제가 되었다고 일부 경제학자들이 떠들어댄 적이 있었다. 2008년의 금융위기로 허망한 주장이 되어버렸다.

특정한 사회구성체가 역사적으로 영원하지 않고 결국 종말을 맞게 된다는 주장 역시 꽤 설득력이 있다. 원시공산제와 고대 노예제, 봉건제는 결국 종말을 맞았지만 자본주의만은 영속하리라는 주장은 믿기 어렵다. 1990년대 사회주의 붕괴 이후 자본주의 이후의 체제는 없고 역사가 드디어 최종 단계에 진입했다는 소위 '역사의 종말' 주장이 고개를 들기도 했다. 신념일 수는 있어도 과학적 예측일 수는 없다. 자본주의 또한 시작과 끝이 있는 체제, 즉 '역사적 자본주의'로 이해하는 쪽이 더 설득력이 있다.

그러나 하나의 사회구성체가 다른 사회구성체로 변화할 때 작용하는

'역사 변동의 법칙'이 존재한다고 확신하기는 어렵다. 예컨대 자본주의가 몰락하고 나면 사회주의·공산주의가 필연적으로 도래할지 우리는 알 수 없다. 역사의 변동은 많은 경우에 수많은 우연에 의존한다. 그 우연들을 총괄하고 방향을 결정짓는 역사의 보편 법칙이 있을까? 아직 모른다고 말하는 쪽이 정직할 것이다.

역사를 공부하는 이유: 자기 삶의 무게를 달아보기

역사 공부의 가치를 강조하는 입장에는 또 다른 견해도 있다. 패턴이나 법칙에는 거의 관심이 없는 견해다. 대신 인간이 본성적으로 '이야기하는 동물'이라는 점에 주목한다. 우리가 역사에 관심을 기울이고 가치를 부여하는 까닭은 역사가 무엇보다 이야기라는 형식을 띠고 있기 때문이라는 것이다. 이런 점에서 역사는 본성상 문학과 비슷하다. 역사를 듣거나 읽으며 우리는 때로 재미를 느끼고, 때로 분노한다. 역사는 우리에게 정서적 공감을 불러일으킨다.

문학과 역사는 대표적인 이야기 형식이지만 둘 사이에는 명백한 차이가 있다. 문학이 허구적 창조물이라는 전제 위에 서 있다면, 역사는 사실이라는 합의 위에 서 있다는 점이다. 하지만 이 차이가 그렇게 절대적인 것은 아니다. 문학은 허구라고 해도 대개 '개연성 있는' 허구임을 전제로 한다. 역사적인 사실은 객관적 사실 자체가 아니라 사실이라는 '상호 주관적 합의' 위에 서 있다. 예컨대 1592년에 일본이 조선을 침략했다는 것은 내가 직접 경험했거나 경험할 수 있다는 의미에서의 사실은 아니다. 임진왜란은 수백 년 전에 끝났고, 이순신 장군도 우리 조상들도 죽고 없다. 현존하는 지구인 누구도 임진왜란을 경험하지 못했다. 이렇게 역사적 사실과 그것을 경험한 사람들은 사라지지만, 그 대신 기록과 흔적을 남긴다. 그로부터 역사적 사실의 실재성을 우리가 합의함으로써 역사적 사실은 사실성을 획득한다.

진화생물학의 발전에 따라 우리는 호모사피엔스가 아마도 몇만 년 전쯤에 이런 종류의 독특한 언어적 능력, 요컨대 — 현존하는 사실 정보를 전달하는 것이 아니라는 의미에서 — 역사를 포함한 '허구'를 말하는 능력을 계발하게 되었음을 깨달았다. 동물과 구별되는 호모사피엔스의 능력은 언어 사용 능력 자체가 아니라 허구를 말하는 능력, 즉 이야기하는 능력이라는 점이 주목받게 되었다. 수많은 동물이 상당히 복잡한 언어를 구사한다. 이 언어들은 '저기 어디쯤에 천적이 있다'거나, '어딘가에 먹이나 물이 있다'고 알려준다. '나는 꽤 괜찮은 수컷이다'라는 메시지를 암컷에게 보낼 수도 있다. 하지만 신화, 설화, 전설 등은 이런 종류의 실질적인 사실 정보와는 관련이 없다. 사실 정보의 관점에서 보면 아무런 실용성도 없는 정보들로 가득 차 있다. 그런데도 인간은 '옛날 옛적에'로 시작하는 이야기를 무척 좋아한다. 우리는 이야기꾼을 둘러싸고 도란도란 듣기를 좋아하던 조상의 후손이다.

인간이 왜 이야기로서의 역사를 좋아하게 되었는지 그 원인은 분명하지 않다. 하지만 효과만큼은 분명하게 알 수 있다. 인간은 이야기로서의 역사를 공유함으로써 집단의 협력과 결속이라는 효과를 얻었다. 공통의 조상신을 기억하는 씨족은 한 어버이의 자녀들로서 좀 더 수월하게 공동으로 작업하고 함께 나눌 수 있게 되었다. 민족은 신화와 민족사를 공유함으로써 내부의 갈등을 치유하고 외적에 맞설 수 있었다. 늘 좋은 측면만 있지는 않다. 전쟁이 비장해지고 영웅담이 만들어지는 것도, 그래서 더 잔인해지는 것도 이야기로 기억되고 추모되기 때문이다.

신화이자 역사서로서 『성서』야말로 이야기로서의 역사가 지닌 힘을 보여주는 명징한 사례다. 구약은 팔레스타인과 주변의 여러 민족이 '믿음의 조상'으로 섬기는 아브라함과 그 자손들의 영광과 수난을 기록한 장구한 연대기다. 아브라함이 사라에게서 얻은 아들 이삭과 손자 야곱을 통해 이스라엘 민족이 형성되고, 하갈과 그두라에게서 얻은 후손들로부터 아랍 민족이 형성된다. 조상의 이야기를 공유하는 이들이 서로 결속하고, 계보가 갈라지면서 서로 반목한다. 그 믿음에 기초한 결속과 다툼이 21세기까지 이어져온다. 아득한 일이다.

역사가 이야기라서, 재미있고 공감을 불러일으켜서 공부할 가치가 있다는 입장은 역사 자체가 어떤 진리나 법칙을 담고 있다고 보는 입장에 비하면 가벼워 보일지도 모르겠다. 사실은 역사가 공동체를 결속하는 핵심적인 접착제가 된다는 점을 강조하는 입장이다. 이야기로서의 역사는 무엇보다도 공감을 불러일으킨다는 점이 중요하다. 우리는 역사 속에서 등장인물들과 함께 기뻐하고 슬퍼하며 분노한다. 역사는 공감을 불러일으키는 무대다. 그렇다면 우리는 좀 더 적극적으로 이 무대를 활용할 수도 있다. 울고 웃고 박수갈채하는 관객에서 한 걸음 내딛어 무대 위로 올라가볼 수도 있다. 역사적 상상력을 발휘하여 나 자신을 그 무대의 배우로 출연시키는 것도 가능하다. 내가 저 등장인물이라면 저 상황에서 어떤 선택을 할 것인지 투영해볼 수도 있다. 자기 삶의 무게를 역사 속에서 달아보고 그 무게에 짓눌림을 당해볼 수도 있다.

이런 맥락에서 역사 공부의 효용은 반복적 패턴의 인식이나 법칙의 발견이 아니라 우리의 윤리적 주체화를 위한 상상과 훈련의 계기를 제공해준다는 데 있을 것이다. 문학도 충분히 그런 계기를 제공해줄 수 있다. 하지만 역사에는 문학과 다른 효용이 있다. 문학과 달리 역사에는 '사실이라는 합의'가 있다. 역사적 상상에는 사실에 근거한 상상이라는 진지함이 있다.

예를 들어서 일제시기에 내가 어느 고장의 면서기라고 생각을 해보자. 지원병 강제 할당이 내려왔다. 이럴 때 과연 나는 어떻게 해야 할까? 면서기 자리를 지키기 위해 마을 사람들을 닦달할까, 아니면 면서기를 그만둘까? 또, 아니면 어딘가에서 타협점을 찾을까? 각각의 선택은 어떤 정당성을 가질까? 좀 더 현대적인 사례를 생각해볼 수도 있다. 광주항쟁이 일어났을 때, 나는 어떤 선택을 해야 했을까? 총을 들었을까, 피했을까? 피하되 사람들에게 알렸을까? 한강의 소설 『소년이 온다』는 그렇게 도청에 남아서 죽어간 한 소년과 살아남은 이들에 대한 역사적 기억을 문학적으로 형상화한다. 문학과 역사가 굳이 대립할 필요가 없다는 걸 보여주는 훌륭한 사례다.

이런 종류의 상상은 역사에 대한 당위론적 결론을 방해한다. 친일파는 원래 나쁜 놈이어서 나쁜 짓을 했다는 당위론적 관점에서는 일제의 주구 노릇을 한 면서기에게 쉽게 분노하고 비판할 수 있다. 하지만 그런 당위론적 비판에는 선택과 판단, 고뇌의 주체로서 '자기'에 대한 상상이 빠져 있다. 그러나 만약 내가 그 면서기였다면? 그리 쉽게 대답하기 어렵다. 많은 사람이 당위와 현실 사이에서 고민하게 된다. 자신의 나약함과 욕망을 직시하게 된다.

여기서 어떤 이들은 '죄 없는 자, 돌로 치라'며 공범 의식을 확산시키려 들 것이다. 물귀신 작전으로 선악의 경계를 지우고 악의 경중을 무화하려 들 것이다. 순백이 아니면 어차피 더러운 건 매한가지라며 정치적 허무주의를 유포하려 할 것이다. 하지만 우리는 이 위험을 감수하면서 그 위험 한가운데를 가로질러야 한다. 왜냐하면 회피하지 않고 그 고뇌를 관통함으로써만 윤리적으로 성숙한 주체가 될 수 있기 때문이다. 자신도 그런 잘못을 저지를 수 있음을 상상을 통해 체험함으로써 스스로 약점을 인정할 줄 아는 참된 용기를 배울 수 있게 될 것이다. 우리 자신도 성찰의 대상으로 삼는 자기비판을 동반함으로써 친일파 비판도 심화된다. 그럼으로써 우리의 비판은 단순한 비판을 넘어 현재와 미래의 상황에서 우리 스스로에 대한 경계, 성찰의 계기로 발전할 수 있을 것이다.

에필로그

역사라는 공유재를 위하여

한국 사회에서 과거사 청산이 본격적인 공론의 의제로 올라온 것은 김영삼 정부 시기 이른바 '역사 바로 세우기'를 통해서였다. 1995년 '5·18민주화운동 등에 관한 특별법' 제정을 통해 광주 학살과 군사반란의 수괴 전두환·노태우를 구속 수감하고, 이듬해 법정에 세운 사건은 유명하다. 그 외에도 이벤트적 성격을 지니긴 했지만 옛 조선총독부 건물 철거, 의거로 불리던 4·19를 혁명으로 규정, 군사혁명으로 참칭되던 5·16에 '쿠데타적 사건' 규정 등이 이 시기에 이뤄졌다. 특히 주목할 것은 1996년에 제정된 '거창사건 등 관련자의 명예회복에 관한 특별조치법'이다. 이 법은 한국전쟁 시기의 거창 민간인 학살 사건에 대한 진상 규명과 명예 회복을 목적으로 했으며, 무엇보다 법적 근거와 권한을 가진 독립적인 위원회의 구성을 가능하게 했다. 드디어 한국판 진실위원회가 탄생한 것이다. 김영삼 정부의 '역사 바로 세우기'

작업은 집권 세력 내 주도권 다툼의 일환이었던 데다 이벤트적 성격에 치우쳤다는 한계가 분명했다. 그럼에도 불구하고 대중의 상당한 지지를 얻었다. 정쟁을 넘어 민주화운동의 성격도 명확했기 때문이다.

김대중·노무현 정부에 들어서는 과거사 청산 문제가 좀 더 체계적이고 제도적인 틀 속으로 진전되기 시작했다. 김대중 정부는 1999년 '의문사진상규명에 관한 특별법'을 통과시켰고, 이듬해 의문사진상규명위원회를 출범시켰다. 2000년에 정부는 '제주 4·3사건 진상 규명 및 희생자 명예회복에 관한 특별법'을 제정하여 '제주 4·3사건 진상규명 및 희생자 명예회복위원회'도 출범했다. 노무현 정부는 김대중 정부에서 시작된 과거사 청산 작업을 계승하고 더욱 심화했다. 국정원, 국방부, 경찰청 등에 자체적으로 과거사진상규명위원회를 설치하여 과거의 오류를 규명하고 피해자의 명예 회복을 추진했다. 별도로 군의문사진상규명위원회도 설치했다.

노무현 정부 시기에 주목할 것은 과거사 청산의 대상을 일제시기로까지 끌어올렸다는 점이다. 2004년에 일제강점하강제동원피해진상규명위원회가, 2005년에는 친일반민족행위진상규명위원회가, 2006년에는 친일반민족행위자재산조사위원회가 출범했다. 한국 사회가 온통 과거사 논쟁으로 들끓게 된 시기다. 그중에서도 백미, 아니 용두사미는 2005년 여야 합의로 제정된 '진실·화해를 위한 과거사정리 기본법'이라고 할 수 있다. 특별법의 한계를 벗어난 이 법률에 의해 일제 강점 직전인 동학농민운동 이래 한국현대사 전반의 굴곡들이 진상 규명과 피해 및 명예 회복의 대상으로 규정되었다. 역설적이지만 그와 더

불어 민주화운동의 일환으로서 과거사 청산의 에너지도 소진되기 시작했다. 다른 특별법 기반의 위원회들도 크게 다르지는 않았지만, 특히 이 법은 당시 야당이던 한나라당의 입장을 강하게 반영하여 조사 대상에 "대한민국의 정통성을 부정하거나 대한민국을 적대시하는 세력에 의한 테러·인권유린과 폭력·학살·의문사"까지 포함했고, 위원회 구성에서도 15명 중 7명이 보수 인사들로 채워졌다. 위원회의 조사 권한은 매우 약했고, 자료 제출이나 진술을 거부할 때 처벌할 수 있는 규정도 없었다. 과거사 청산을 국가권력이 법으로 강제하는 이유가 바로 국가폭력·국가범죄를 규명하기 위해서라는 점을 감안하면, 대한민국을 부정하거나 적대시하는 세력에 의한 사건을 조사 대상에 넣는 것은 논리적으로든 실제적으로든 어불성설이었다. 그것은 대한민국이라는 국가가 상시적으로, 아니 지나치다고 해도 좋을 정도로 수행해온 일이다. 별도의 법률이 필요할 리가 없는 사안이다. 정치적 힘의 한계에 기인한 타협이었고, 그만큼 민주화운동의 일환으로서 과거사 청산의 의미가 퇴색하기 시작했음을 보여주는 징표였다.

법률로 뒷받침되는 정부 주도하 각종 위원회들의 과거사 청산 작업이 광범위하게 진행되면서 우리 앞에는 역사의 국가화와 민주화라는 새로운 대립 구도가 부상했다. 국가권력의 힘을 통한 과거사 청산은 역사의 국가화, 또는 소위 국정화와는 어떻게 같고 다를까? 역사 교과서의 국정화에 반대한 수많은 민주시민들은 국가권력에 의한 과거사 정리를 어떻게 이해해야 할까? 상기해보자. 수많은 과거사위원회들 중 가장 큰 논란을 불러일으켰던 친일반민족행위진상규명위원회 출범

당시 반대파는 "국가가 역사를 독점하려고 하면 안 된다. 역사는 시민 사회의 자율적 논쟁에 맡겨야 한다"며 반발했다. 반면, 친일 진상 규명 찬성파는 국민국가가 자신의 정통성을 바로잡는 일은 당연한 권한이 자 의무라고 맞받아쳤다. 박근혜 정부에 들어서 당시의 반대파가 노무 현 정부 때 찬성파의 논리로 국정교과서를 밀어붙였고, 그때의 찬성파 는 반대파가 되어 역사는 시민사회에 맡기라고 주장했다. 역사는 그저 권력을 가진 자의 편리한 도구일 뿐인가?

나는 국가의 역사 개입이 최소화되어야 한다고 믿는다. 역사는 결코 하나의 진실로 왜소화되어서는 안 되고 민중의 공유재가 되어야 한다 고 믿는다. 불편한 주장, 때로는 적대적인 주장까지 난무할 수 있는 논 쟁의 장이 될 때만 우리는 역사를 통해 타자를 이해하고 주체가 될 수 있다. 권력이 결정한 진리를 수동적으로 받아들여서는 성숙한 주체가 될 수 없다.

그렇다면 국가의 역사 개입은 절대로 불가한 것일까? 그렇지는 않 다. 국민국가는 자기 역사에 대해 윤리적 정치적인 책임과 권한을 가 지고 있으며 또 가져야만 한다. 예를 들어 국가에 의한 폭력, 국가에 의한 범죄의 영역은 바로 국가 자신이 개입하고 책임져야 하는 영역이 다. 국가폭력과 국가범죄를 밝히고 처벌할 수 있는 힘은 국가권력만이 가지고 있다. 아무리 논쟁을 해봐야 시민사회는 권력기관들을 조사하 고 처벌할 법적 권한이 없다. 수많은 과거사위원회들이 국가권력의 힘 과 법률에 따라 조직되고 뒷받침되어야 하는 이유가 여기에 있다. 국 가는 역사에 개입해야 하는 책임과 권한을 방기해서는 안 된다.

하지만 국가의 역사 개입은 이처럼 불가피한 영역에서조차 부작용을 발생시킨다는 점 또한 잊어서는 안 된다. 김대중·노무현 정부 시기에 만들어진 수많은 과거사위원회들의 경험이 이를 잘 보여준다. 이 과거 사위원회들은 대개 대통령 및 정당이 추천하는 전문가 위원, 사회운동 출신 활동가, 정부 파견 공무원 조사관 들로 이뤄졌다. 전문가 위원들이 대통령과 정당 등 정치권 추천의 몫으로 구성되다 보니, 역사적 규명이 필요한 과제들이 아주 손쉽게 정쟁의 대상으로 전화했다. 정쟁의 결과는 때로 무원칙한 타협으로 이어지기도 했다. '우리 편'이 다수라고 해서 그 부작용이 없어지는 게 아니다.

조사 실무 인력인 조사관들의 태도 차이도 실제로는 큰 영향을 미쳤다. 사회운동 출신의 조사관들이 대개 체제의 구조적 악을 드러내고 규명하는 데 집중했던 반면, 검찰 등 사정기관 출신이 주력인 파견 공무원들은 형사적 측면에서 개인의 과오를 드러내는 데 집중하는 경향이 컸다. 전자가 국가폭력을 자행한 억압적 폭력적 국가기구들을 비판하고 근본적으로 개혁하는 데 초점을 두고자 했다면, 후자는 희생자에 대한 보상을 중심으로 사회의 원만한 통합을 추구했다. 양자의 견해는 종종 부딪혔고, 결과는 대개 공무원들의 승리로 귀결됐다. 구조적 악을 수행했던 권력기구들은 거의 개혁되지 않았다. 의문사진상규명위원회에서 활동한 바 있는 김영수 전 조사관의 증언을 빌리자면 "국가 중심의 과거사 정리 정책은 가해자들에게 수많은 면죄부를 부여"했다.

국가폭력·국가범죄 등에 대한 진실 규명과 처벌, 피해 보상과 명예 회복 등 국가의 역사 개입이 꼭 필요한 경우에서조차 중요한 점은 시민사회의 주도성과 자율성을 확보하는 일이다. 법률의 뒷받침을 받는 이상 제도 정치의 영향력으로부터 벗어날 수는 없다고 해도, 위원들을 대통령과 정당들이 직접 추천하는 방식은 탈피해야 한다. 전문가들의 참여 폭을 넓히고, 시민이 중심에 서는 공개 토론의 장을 훨씬 넓혀야 한다.

정치로부터 완전히 분리된, 오염되지 않은 순수한 역사 따위는 있을 수 없다. 순수히 중립적인 역사 해석이란 것도 근본적으로 불가능하다. 하지만 그것이 곧바로 역사가 정당정치의 직접적인 투쟁 대상이 되어야 한다는 의미는 아니다. 박근혜 정부의 한국사 교과서 국정화 시도야말로 이런 사고방식의 전형이었다. 집권 세력의 입맛에 맞춰 역사를 고쳐 써도 된다면, 정권이 바뀔 때마다 역사 교과서가 달라진다면, 공동체의 공유재로서 역사에 대한 최소한의 신뢰는 사라질 것이다.

중립적이고 순수한 역사란 존재하지 않기 때문에 오히려 토론과 논쟁에 끊임없이 열려 있어야 한다. 역사는 국가의 것이 아니라 민중의 것이 되어야 한다는 점에서 민주화되어야 하지만, 어떤 집단이나 세력—그것이 국가든 민중이든—에게도 최종 해석을 허락하지 않아야 한다는 점에서, 한판승이 아닌 끝없는 논쟁의 장 그 자체라는 점에서 우리 모두의 공유재가 되어야 하는 것이다.